Author

林惠春

现任

北京师范大学一带一路学院　培训部主任

北京师范大学新兴市场研究院、"一带一路"研究院　特邀研究员

清华大学管理工程研究院　特聘教授

北京理工大学中外家族传承联合研究中心　客座教授

德国赫尔曼·西蒙商学院（中方）　常设院长

曾任

湖南商学院　讲师、教研室主任、系主任

中国上市公司创智科技（SZ000787）　董事总经理

日本创智株式会社　代表取缔役、社长

创智国际有限公司　董事长、CEO

香港上市公司中软国际（HK354）集团　副总裁

清华紫荆创新研究院　培训中心主任

Introduction

Author

林惠春老师于 2006 年创办"CEO 国际流动课堂"项目。十多年来带领 3000 多名企业家（100 多次）走进日本、德国、美国、以色列、北欧、中东欧、中亚、俄罗斯、伊朗、非洲等地进行研修考察，对接商务合作。近四年将重点转移到了带领中国企业走进"一带一路"沿线国家。多年来他推动部分学员企业成功并购多家日本、德国企业，有丰富的国内外合作资源，以及实战、实用、实效培训经验。目前担任多家企业战略与国际化顾问。

2018—2019 年作为发起人在德国参与筹备、成立"赫尔曼·西蒙商学院"并在国内山东寿光落地首个教学基地。

代表作

《资源有限创新无限》《解放领导者》《做加法做减法——企业发展的进退之道》

谢丹丹

现任

《企业家》杂志　特约撰稿人

零牌顾问　品牌总监

零牌顾问专精特新"跨量级突破"课题　研究员

曾任

《中外管理》杂志社　高级记者

"中国造·隐形冠军"评选　主策划人

　　拥有媒体、培训、咨询等跨界经历。

　　作为"中国造·隐形冠军"评选连续三届的组织者，在职期间组建了国内第一支由官、产、学、媒四方专家构成的隐形冠军专业评审队伍，在全国范围内搜寻细分行业隐形冠军企业。后围绕获评企业，以传播隐形冠军理念为目的，组织策划了一系列采访报道、实地探访、交流座谈等经验交流活动。

Introduction

Author

曾采访报道过六百余家标杆企业创始人、高管，包括隐形冠军之父赫尔曼·西蒙和国内众多著名企业家、管理专家，并发表过《迷途领航力》《环保风暴下中小企业如何自救？》《湖南卫视持续创新之谜》《AI时代的饭碗保卫战》等热点文章，一直致力于挖掘企业一手实践经验、探索企业经营管理底层逻辑。

2022年，被《企业家》杂志聘请为特邀撰稿人，主持《企业家》杂志与零牌顾问共同发起的"专精特新百企行"活动，持续致力挖掘专精特新实践，传播专精特新经验，链接全球专精特新资源，助力中国企业做精做强。

代表作

《专精特新——中小企业的冠军之道》

朱新月

毕业于首都师范大学历史系
南开大学商学院 EMBA

现任

《企业家》杂志·企业管理促进中心　主任
中国管理科学学会企业管理专委会　副秘书长

曾任

北京大学精细化管理研究中心　副理事长
日中管理学院　特聘研究员
北京博士德文化发展有限公司　总经理
北京博士德管理顾问有限公司　总经理

中国精细化管理首倡者之一。

曾就职于中关村大型科技企业四达集团医疗事业部，任销售部经理；航天部北京华航公司，任西北区经理、销售部经理、公司总经理；21世纪初，与汪中求、张明帅创办了博士德知识传播机构，任总经理。

先后策划了超级畅销书《细节决定成败》《精细化管理》《笑着离开惠普》《团队精神》《生命第一》《可以平凡不能平庸》《零缺陷工作》等。

Introduction

Author

2005年，创造性地提出了"精细化管理"的管理理念，使之被各级政府机关、部队、企业广泛认可。

2008年，厉以宁先生主持的北京大学民营经济研究院成立"精细化管理研究中心"，被聘为中心副理事长。

朱新月老师带领"精细化管理海外研修团"40余次，走进日本、德国、美国、韩国、新加坡、荷兰、奥地利、匈牙利、捷克等国家著名企业、大学、学会进行参访、培训、交流。特别是对德国、日本的隐形冠军企业有深入的研究。

代表作

《零缺陷工作》（与汪中求合著）、《落实要到位干部是关键》、《你无法改变环境时改变自己》

专精特新
向德国日本隐形冠军学什么？

林惠春 谢丹丹 朱新月 ◎ 著

企业管理出版社

图书在版编目（CIP）数据

专精特新：向德国日本隐形冠军学什么？/ 林惠春，谢丹丹，朱新月著. -- 北京：企业管理出版社，2022.10

ISBN 978-7-5164-2719-4

Ⅰ.①专… Ⅱ.①林… ②谢… ③朱… Ⅲ.①中小企业—企业发展—研究—中国 Ⅳ.① F279.263

中国版本图书馆 CIP 数据核字（2022）第 174712 号

书　　　名：	专精特新：向德国日本隐形冠军学什么？
书　　　号：	ISBN 978-7-5164-2719-4
作　　　者：	林惠春　谢丹丹　朱新月
策　　　划：	朱新月
责任编辑：	尤　颖　曹伟涛
出版发行：	企业管理出版社
经　　　销：	新华书店
地　　　址：	北京市海淀区紫竹院南路 17 号　邮　编：100048
网　　　址：	http://www.emph.cn　电子信箱：zbz159@vip.sina.com
电　　　话：	编辑部（010）68487630　发行部（010）68701816
印　　　刷：	北京博海升彩色印刷有限公司
版　　　次：	2022 年 11 月第 1 版
印　　　次：	2022 年 11 月第 1 次印刷
开　　　本：	710mm×1000mm　1/16
印　　　张：	11.25 印张
字　　　数：	160 千字
定　　　价：	68.00 元

版权所有　翻印必究　·　印装有误　负责调换

前 言
PREFACE

专精特新——向德国日本隐形冠军学什么？

专精特新与隐形冠军是什么关系？如何学习德国隐形冠军的经验？如何学习日本隐形冠军的经验？如何使我国更多的中小企业走上专精特新之路，成为行业冠军？

2005年我看到《隐形冠军——谁是全球最优秀的公司》一书后大受启发，并对隐形冠军及中国企业进行了研究，认为当今时代的中小企业要想持续健康发展就应该走专业化道路。我在授课中也推介隐形冠军理念，并于2006年出版了以隐形冠军理念为核心的一本专著《做加法做减法——企业发展的进退之道》，同年创办了"CEO国际流动课堂"，上百次地带学生走进日本、德国、美国、以色列等国家的企业参观考察和对接合作商机。

2011年我带领企业家赴奥地利维也纳出席首届中东欧隐形冠军

大会，有幸与有"隐形冠军之父"之称的赫尔曼·西蒙结识，之后与他成为跨国忘年交。赫尔曼·西蒙教授治学严谨又富有创新性，对中国企业充满兴趣。前十多年他几十次来中国讲学、考察、调研，我们几乎每年都会见面，携手鼓励企业走隐形冠军之路。2014—2017年，我先后邀请赫尔曼·西蒙到潍坊、北京、上海等地做主旨演讲，每次都引起强烈反响。为了让隐形冠军理念助力更多企业走上健康发展之路，我与赫尔曼·西蒙及我的中国学员默锐公司董事长杨树仁，于2017年共同发起筹办了赫尔曼·西蒙商学院。2019年10月，赫尔曼·西蒙专门带领六位国际专家来中国出席西蒙商学院课程体系研讨会，他希望自己的理论与实践能对中国企业的发展有所帮助。

隐形冠军支撑了德国经济的发展，隐形冠军为什么能风靡世界？

据2021年数据，德国有370万家中小企业，占企业总数的99.7%，贡献了约70%的就业率，是德国经济发展的中坚力量。重要的是在2021年《财富》世界500强排行榜中，德国企业只有28家，但在中小型市场领军者排行榜中，德国企业占比48%。

我们看到了德国中小企业的数据，再看中国中小企业的数据。改革开放40多年来，中国经济的发展过程中，中小企业做出了历史性贡献：我国50%以上的税收、60%以上的GDP、70%以上的创新成果、80%以上的劳动就业和90%以上的企业数量，还有68%的外贸出口。

虽然中国制造业总量连续十多年位列全球首位，为我国经济的发展提供了有力支撑，但我国目前还不是制造强国：产业集群和产业链中还有不少"断点、堵点、卡点"，缺少具有国际竞争力的"杀手锏"技术。

赫尔曼·西蒙教授界定的隐形冠军三大标准：世界同业市场的

前　言

前三强或者至少是某个大洲的第一名公司；营业额低于50亿欧元（2019年）；不为外界周知，公众知名度比较低。我们的中小企业能达标的并不多。国家提出梯度培养"专精特新企业—专精特新小巨人企业—单项冠军企业"的思路是非常符合我国中小企业发展实际的，所以，我认为这就是隐形冠军的中国实践。

专精特新和隐形冠军既有联系，又有区别。从严格意义上说，专精特新企业不是隐形冠军企业，但是又有隐形冠军的基因，比如"聚焦、专注，重视创新研发"等。但企业规模、管理水平、人均效率等方面与隐形冠军还存在不小区别和差距，尤其在国际化程度（隐形冠军平均在35个国家设有分公司）方面差距比较明显。

赫尔曼·西蒙教授对中国政府大力培育专精特新、出台很多帮扶政策的做法给予了很高评价，认为中国政府如此重视中小企业健康、可持续发展，一定会培育出一大批专精特新企业，他认为中国企业将是德国隐形冠军最有力的竞争者。我把专精特新和隐形冠军的关系定位为：专精特新是隐形冠军理念的中国实践。我曾跟赫尔曼·西蒙教授说："您给我们送来了隐形冠军理念，它与中国实践相结合就诞生了专精特新。"我认为，专精特新是隐形冠军的"初级阶段"，隐形冠军是专精特新的榜样、标杆、目标和方向，而隐形冠军理论正是专精特新的"底层逻辑"。当然，隐形冠军的重点不在于"隐形"，而是要勇于争夺细分（利基）市场的冠军。

那么，隐形冠军最大的特征是什么？

专注、创新、全球化是隐形冠军的三大特征。

专注，就是聚焦在一个狭小的细分领域利基市场上，倾注全力做第一。它包含：专业主义、长期主义、拜技主义、工匠精神、品质至上。

专精特新：向德国日本隐形冠军学什么？

创新，隐形冠军"资源有限，唯有创新"（而非简单模仿）和持续创新才是其拓展市场、增长业绩和确保市场或行业领导地位的重要手段。创新不应仅局限在技术和产品层面，还应包括隐形冠军经营管理活动的方方面面。其中优化流程创新甚至比产品、技术创新更重要。创新的"三全"——全员化、全方位、全流程，就是持续改善。持续改善是隐形冠军的核心能力和隐形冠军创新活动的主体，也就是微创新，它成本更低、风险更低、性价比更高，所以微创新比突破性创新更重要。

全球化，由于隐形冠军专注在一个细分市场，区域市场容量是有限的。中国是全球最大的市场，占全球市场的17%。如果做到中国市场第一，很有可能是全球第一；但如果不重视国际市场，就意味着将丧失掉全球83%的市场份额。对隐形冠军来说："国际化，不是应该，而是必须！更是必然。"这是我2006年创办"CEO国际流动课堂"时提出的口号。

德国、日本隐形冠军有哪些明显的特质值得中国的专精特新企业学习？

我觉得有五大特质、四大特征值得借鉴，具体内容，请阅读书中第二章相关部分。

学习德国、日本企业经验成为隐形冠军有没有捷径呢？

我认为没有捷径，要牢记长期主义。德国隐形冠军38%是"百年老店"，平均寿命67年，都是"长跑冠军"。日本的百年企业更是几代人兢兢业业努力的结果。要想成为隐形冠军就要先成为专精特新企业。它有"16字方针"：求专、求精、求特、求新（*战略目标*）；做专、做精、做特、做新（*路径方法*）。同时对照工信部出台的标准，对标北交所的上市标准，找出自身短板。但是，成为专精特新企业

前　言

虽然没有捷径，但并不代表没有方法：在国家或地方重点领域找到捷径；在"金字塔"中找到定位；在梯队培育体系中找到目标；在对标中找到自身的优势和劣势；在产业链上找到自己的价值；在实践中活用社会多方资源。

我的好友与合作伙伴朱新月2011年与我一起参加了维也纳的中东欧隐形冠军大会，以后我们又多次一起走访德国、日本企业，他对隐形冠军也有深入的研究，并且是"精细化管理"理论首倡者之一，也是知名图书出版人，超级畅销书《细节决定成败》《精细化管理》的策划人。

谢丹丹是前《中外管理》杂志社高级记者、"中国造·隐形冠军"三届评选组织者，深入调研过多家细分行业的龙头企业，现任《企业家》杂志特约撰稿人、零牌顾问专精特新"跨量级突破"课题研究员。

我们一起撰写了这部专著，但愿能对中国广大的中小企业走上专精特新"小巨人"之路，成为未来的隐形冠军、行业冠军有所帮助。

最后，感谢我的好友，《隐形冠军》中文版译者、暨南大学管理学院教授邓地先生为本书提供了部分案例和指导。也感谢赫尔曼·西蒙商学院联合发起人杨树仁先生、刘红松院长对中国式隐形冠军研究的巨大贡献。

同时，感谢企业管理出版社孙庆生社长、《企业家》杂志社王仕斌副社长、陈静副总编，采编中心郑仙蓉常务副主任对本书出版的大力支持。

林惠春

赫尔曼·西蒙商学院（中国）常设院长

目录

01 CHAPTER

揭开隐形冠军的神秘面纱

1.1 如何正确定义隐形冠军? / 3

1.2 隐形冠军有哪些"隐形"特点? / 7

1.3 你所不知道的德国、日本隐形冠军有多强! / 12

　一、德国的隐形冠军 / 13

　二、日本的隐形冠军 / 17

1.4 哪些行业更容易产生隐形冠军? / 21

1.5 德国哪些"土壤"孕育了如此多的隐形冠军? / 24

　一、特殊的历史和地缘因素:必须走国际化之路 / 24

　二、传统技能的代代传承:强大的德国手工业行会 / 25

　三、德国教育:双轨制职业培训体制 / 29

　四、强大的制造业基础:汽车工业时代的到来 / 33

1.6 日本哪些"土壤"孕育了如此多的百年企业隐形冠军? / 37

　一、眼睛看得见的表层竞争力 / 38

　二、真正的竞争力,是眼睛看不见的深层竞争力 / 38

02
CHAPTER

德国日本隐形冠军到底强在哪里？

2.1 隐形冠军强大的核心价值观 / 43

2.2 长寿价值观背后的三大核心战略特征 / 48

  一、持续聚焦，才能不断创新 / 48

  二、打破常规思维，实现国际化运营 / 59

  三、家族式治理，让企业基业长青 / 67

2.3 隐形冠军领导者的五大特质 / 74

2.4 隐形冠军的四大特征 / 79

03 CHAPTER

中国隐形冠军的孵化升级

3.1 发现中国的隐形冠军 / 87

3.2 中国隐形冠军从 1.0 版到 4.0 版的进阶之路 / 90

一、中国隐形冠军 1.0 时代 / 90

二、中国隐形冠军 2.0 时代 / 93

三、中国隐形冠军 3.0 时代 / 95

四、中国隐形冠军 4.0 时代 / 98

3.3 中国隐形冠军为什么比德国日本少？ / 101

一、历史背景不同，市场容量不同 / 101

二、民族性格不同 / 104

三、德国和日本的拜技主义传统 / 106

四、职业教育模式不同 / 109

04
CHAPTER

专精特新"小巨人":中国中小企业的冠军之路

4.1 孵化隐形冠军的三大支柱 / 117

4.2 取势:分析趋势,聚焦有潜力的品类 / 126

4.3 明道:分析竞争,明确在品类中的定位 / 138

4.4 优术:分析内部,建设运营配套体系 / 145

附录 德国日本隐形冠军 35 个启示

01
CHAPTER

揭开隐形冠军的神秘面纱

- 如何正确定义隐形冠军？
- 隐形冠军有哪些"隐形"特点？
- 你所不知道的德国、日本隐形冠军有多强！
- 哪些行业更容易产生隐形冠军？
- 德国哪些"土壤"孕育了如此多的隐形冠军？
- 日本哪些"土壤"孕育了如此多的百年企业隐形冠军？

近年来，中国华为公司深受芯片卡脖子之痛。如果没有中美贸易摩擦，如果不是由于中国芯片，尤其是华为公司受到的刻意打压，可能很少有人会注意到这家生产阿斯麦光刻机的公司——荷兰 ASML 公司。它是全球最大的半导体设备制造商之一，几乎垄断了全球的光刻机市场。目前，只有荷兰 ASML 公司能够生产制造出全球最先进的 EUV 光刻机。可是，中国的芯片代工企业迄今无法成功引进这样的光刻机，因为 ASML 公司规定，想要买它的产品，首先要成为它的股东。

实际上，除了 ASML 公司，在半导体芯片行业的细分领域中，还存在着许多这样的隐形冠军。它们是各自行业的翘楚,有的甚至占有全球市场份额的 90% 以上，却因为所从事的领域不为人熟知，加上这些公司一贯的专注、低调，而成了脱离大众关注的隐形冠军。

01 揭开隐形冠军的神秘面纱

1.1 如何正确定义隐形冠军？

众所周知，中国是目前全世界出口总额最大的国家，2020年尽管受疫情影响，中国仍然成为全球最大的出口国和第二大进口国。中国对外出口额占全球出口总额的15.8%，几乎等于第二名美国和第三名德国之和。可是，如果我们把时间拨回到1980年，或者更早的20世纪70年代，一直到2000年，全世界出口最发达的国家，可能会令人意外，因为它既不是美国，也不是日本。

如果比较最近几十年来中、美、德三国的出口贸易数据，我们会发现一个很有意思的现象，见图1–1。在之前很长的一段时间内，美国和德国的出口额互有高低。但美国的经济体量和人口都远超过德国，1990年德国统一，人口约8000万，而美国当年的人口却有2.48亿之多。德国能在出口总额上和美国不相上下，是一件很了不起的事情。

当时，欧洲市场营销学会会长、哈佛商学院的教授赫尔曼·西蒙从1986年开始研究德国的出口贸易及整体经济的持续发展。

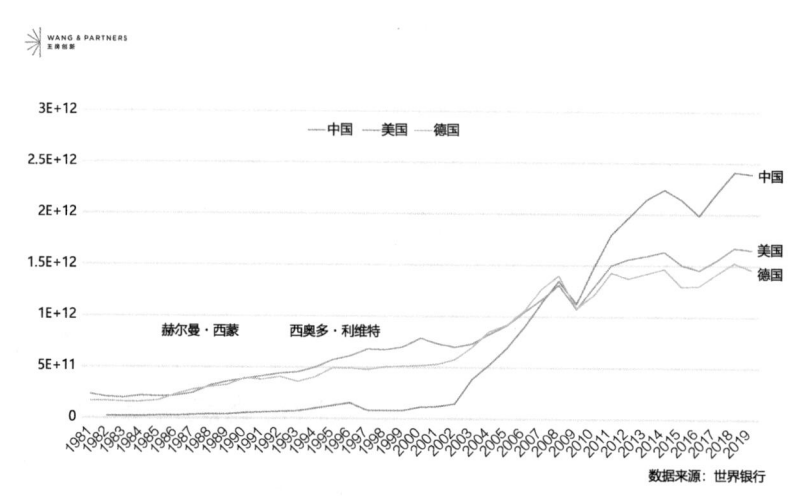

图 1-1　中、美、德三国商品出口额比较（1981—2019，USD）

赫尔曼·西蒙教授的专业是市场营销，他所擅长的是如何给新产品定价实现利润的最大化，如何给库存产品定价才能最大程度销售库存并回收成本。在一次学术会议上，他被人问到一个和专业关联不是很大的问题："您有没有想过，为什么是德国成为世界上出口总额最大的国家？"

这个问题让赫尔曼·西蒙教授陷入了长期的思考。

欧洲有众多面积很小的国家，很多国家的国土面积甚至还没有我们的一个省大。德国地处欧洲，很多人可能在德国居住，但有可能在税率比较低的国家卢森堡上班，因为人们开车从德国边境到卢森堡也不过 20 分钟的车程。把商品从德国运到卢森堡，这就完成了一次商品的出口。那德国出口贸易强大是不是因为这个原因呢？如果这样的假设成立的话，那为什么不可以是法国、意大利，或者欧洲任意一个其他的国家？法国的面积比德国大，为什么出口额却并不占优呢？显然，并不是这个原因。

和以前大多数商学院的教授一样，赫尔曼·西蒙教授往往更多地关注大公司的案例，而且他本人曾经担任柯达公司欧洲董事。起初，他以为德国出口贸易强大可能是德国的大公司、大企业，包括跨国集团的贡献，但是这种可能很快就被排除了，因为当时美国大公司和大企业的数量要远远多于德国。以1990年《财富》杂志第一届世界500强排名为例，当时美国占了167个，而德国却不足美国的五分之一。

后来他发现，那些活跃在他身边的企业才是德国形象的代表。在国际上，它们可能籍籍无名，但在某一个细分的专业领域和品类里，它们却特别强大。由此，他得出一个重要结论，德国的出口贸易之所以遥遥领先，主要得益于德国的中小企业，尤其是一些在国际市场上虽然处于领先地位但并没有什么名气的中小企业。

启示1

赫尔曼·西蒙经过深入的研究，创造性地提出了隐形冠军的理念，被誉为"隐形冠军之父"。他认为，企业要想成为合格的隐形冠军，必须具备以下三个条件。

第一，在某一个细分市场拥有本大洲第一或者世界前三的市场份额；

第二，必须是鲜为人知的中小企业，1996年的标准是年销售额不超过10亿欧元，而按照2019年的标准，年销售额不高于50亿欧元；

第三，这家企业并不为大众所熟知，换言之，一家合格的隐形冠军可能是社会知名度比较低的企业。

赫尔曼·西蒙教授指出，培养一家隐形冠军的企业，至少需要60年。60年的时间，几乎就是把企业置于市场环境中，任其自然成长，大浪淘沙，在拼搏中求生存。如何最大限度缩短企业成为隐形冠军的时间成本，把成长时间缩短到10年，甚至10年以内，很多有识之士开始了不懈的探索。在这种背景下，赫尔曼·西蒙商学院应运而生了，其愿景就是让更多的民营企业和中小企业成为行业内的隐形冠军。

回到文章开头，生产阿斯麦光刻机的荷兰ASML公司就是这样一家隐形冠军。第一，在光刻机领域，ASML拥有本大洲第一或世界前三的市场；第二，2020财年，ASML公司的净销售额为130多亿欧元；第三，该公司并不为大众所熟知。从以上三个角度讲，荷兰ASML公司是一家优秀的隐形冠军。

1.2 隐形冠军有哪些"隐形"特点？

曾经有人问过赫尔曼·西蒙教授一个问题："您究竟是怎样发现隐形冠军这个概念的呢？"赫尔曼·西蒙教授讲了一个发生在自己身上的故事。20世纪80年代，他在哈佛大学做访问学者的时候，几个老师在一起聊天，有一位哈佛大学的教授问他："德国的出口贸易做到世界第一，到底靠的是什么呢？"这个问题一下把赫尔曼·西蒙教授给问住了，那位教授说："我们研究过，奔驰、宝马、西门子等德国著名大品牌、大公司的销售数据，加起来成绩并不怎么突出。那么，背后深层次的原因究竟出在哪里呢？"后来，直到赫尔曼·西蒙教授提出隐形冠军的概念，人们才逐渐意识到，隐形冠军才是德国经济的脊梁。

日常生活中，我们使用的大多数产品都是终端可见的。很多人喜欢抽烟，可很少有人关注大型卷烟机究竟是谁生产的。我们面前摆放着一本书，装帧漂亮，印刷精美，可除了专业人士，很少有人知道世界上哪家印刷厂的印刷设备最好。实际上，熟悉印刷出版行业的人可能会知道，总部位于德国海德堡市的海德堡公司生产的海德堡印刷机在全世界都享有很高的声誉。

启示 2

很多隐形冠军都秉承着"闷声发大财"的做事原则，甚至刻意隐姓埋名，个中原因很耐人寻味。一家企业如果很高调，它的产品、技术就会被人学习、模仿，客观上促进了竞争对手的进步，从而带给自己不必要的竞争。

隐形冠军有哪些特点呢？

（一）隐形冠军必须要有做世界级领袖的雄心

一家企业如果想要保持卓越，必须从始至终都要出类拔萃。美国著名管理专家及畅销书作家吉姆·柯林斯在《从优秀到卓越》一书中详细阐述过这个问题。企业经营者越少抛头露面、越低调，企业的成功率就会越高。这和我们国内的很多企业正好相反。

有一年，我们去给日本一家金属加工企业进行培训。这家拥有80多年历史的企业只有7名员工，其中1人是社长。这些员工全部都是五六十岁的老人。而真正让人觉得不可思议的是，7个人中有6个人拥有日本政府授予的正式称号——"人间国宝"。

这样一家公司，没有销售、没有策划、没有战略规划师，而他们的客户却是美国NASA、日本三菱重工等在世界上具有举足轻重地位的国家重要部门或世界500强企业。几乎世界上所有最精密的金属加工，都会找上门来，他们从来不去做市场，因为市场会找他们。而且这家公司的营业额非常高，7个人年营业额高达13亿日元。

培训即将结束之际，这家公司赠送给我们一件礼物，是他们自己生产的一种金属名片，质量可靠，外形美观。从日本回来后的第二天，我们给上海一家公司的员工培训，这是一家做了20多年手表机芯的公司，目前的产品专供瑞士手表。我们把日本那家企业的金属名片拿给公司里的员工，询问他们能否在5秒钟的时间内做出来一块同等质量的产品。公司员工拿过名片看了好久，连称这是不可能完成的任务，即使给他们10分钟，也不可能做出这么精致的产品。

日本作家野村进写过一本书——《一千年的志气：永不衰竭的企业竞争力》，书中详细记载了他对19家日本百年老店的实地采访。类似的故事，书中比比皆是，给人以强烈的震撼。

（二）隐形冠军要专注于一个相对狭窄的领域

隐形冠军实际是这样一种中小型企业，它本身的规模不大，生产的产品处于消费品终端产业链的中上游，不为社会大众所知晓和了解，却在行业、产业中占有举足轻重的地位。

启示3

隐形冠军往往战略专注、行事低调，通过几代人甚至十几代人、几十年甚至上百年的努力，在一个狭窄、细分的利基市场，哪怕是一颗螺丝钉，也要把产品做到极致。

这样的企业，从品质和机制上保证其产品领先、成熟并不可替代，从而维持稳定、持续的利润。这样的企业作为行业内的隐形冠军，是当之无愧的。

（三）隐形冠军的核心是冠军，是否隐形要视行业情况而定

很多企业家创业都有宏伟的目标，他们想做冠军企业，但不想隐形。即使前面提到的很多企业，严格来讲已经不再是隐形冠军，而是成名已久的国际品牌。在某种程度上，隐形冠军很少做终端消费品，而多是为最终消费品提供零部件、设备或原料的企业。保持低调有助于企业专注自身业务，并减少竞争对手的关注。虽然如此，在直接客户面前，隐形企业却并不隐形，而且是难以替代的。

启示 4

赫尔曼·西蒙教授不止一次强调，隐形冠军的重点并不在于"隐形"，其核心或者关键词是"冠军"。隐形冠军是否隐形要根据行业特点来决定。

新型饮品品牌元气森林是一家发展迅速的快消品企业。根据公开数据显示，元气森林 2020 年的销售额接近 30 亿元，而这一数据在 2018 年和 2019 年分别是 2 亿元和 6.6 亿元。实际上，当 2019 年它的销售额超过 6 亿元人民币时，它在行业内包括普通消费者人群中已经很有名了。而同样的销售数据，如果放在一家做上游化工原料的企业上，即使年销售 30 亿元也不会有人知道。这一切，都是由行业特点决定的。像元气森林这样的快消品行业，需要打响品牌以获得大众的认可，而大部分以化工企业为代表的专业程度较高的企业则只需要在自己的领域里深耕即可，并不需要过多的广告效应。

赫尔曼·西蒙教授收集了 500 多家隐形冠军资料，除了消费品领域，其中绝大多数来自工业品领域，机器人、化工或者其他一些行业。所以，所谓隐形冠军，其实核心仍然是冠军，至于隐形不隐形，还是要看所在行业的特点。

（四）隐形冠军都具有相当高的国际化程度

按照赫尔曼·西蒙教授的隐形冠军的标准，企业营收在 50 亿欧元以下，至少在 35 个国家以上开设分支机构。德国、日本的隐形冠军，鉴于本国市场容量有限，都非常重视国际市场的开发，产品在国际市场上拥有极高的市场占有率。

1.3 你所不知道的德国、日本隐形冠军有多强！

中国很多商人和企业家喜欢讲"做大做强"，谈论的也往往都是些"高大上"的话题，什么高科技、大企业、超额盈利，唯恐自己落在别人后面。在很多国人的印象中，一家企业做得优秀不优秀，一定要向世界500强企业头部名单中的那几个看齐才可以。很多创业者的价值观就是做大做强去上市。

启示5

德国制造底蕴丰厚。许多隐形冠军低调地隐匿在公众视野之外，只在自己专属的领域里搞研发、培养人才、扩大渠道，悄然成为各自细分领域里的强者甚至领袖。

德国为隐形冠军的成长提供了丰厚的土壤，或许我们可以从众多的隐形冠军案例中得到成功的启示。

一、德国的隐形冠军

> **案例 1**

福莱希——专注宠物牵引绳五十年

喜欢养宠物的人可能会对福莱希（flexi）有所了解，它是一家专业生产可伸缩牵引绳的宠物用品公司。福莱希成立于1970年，半个世纪以来，这家德国公司只生产牵引绳，迄今为止，它在全世界已卖出2.5亿条牵引绳。

很多喜欢养宠物的人都会遇到一个问题，如何既能让宠物自由奔跑，又能让宠物在遛狗人可控的范围之内。当年，曼弗雷德·柏格登（Manfred Bogdahn）在遛狗的时候考虑到狗活泼好动，而绳子如果不具备可伸缩性，放得太远，狗就会到处乱跑、闯祸；收得太紧，狗又会勒得难受，人也跟着难受。如何制作一条牵引绳，让人获得一种安全、自由、可控的遛狗体验，这并不是一件特别需要高科技的事，曼弗雷德·柏格登（Manfred Bogdahn）做到了。1970 年，他发明了一条可伸缩的牵引绳。

福莱希牵引绳公司的总部巴格特海德（Bargteheide）位于德国汉堡附近的一个郊区。在成立后的 50 多年里，福莱希做到了让每一条到达消费者手中的可伸缩牵引绳都经过专业工程师的设计、高水准生产线和高精度磨具的打磨，以及专业技师的组装和出厂前 100 多道安全测试。直到今天，所有的福莱希牵引绳都是由公司的 300 名员工手工制作而成。

从一条牵引绳在宠物用品领域打开一个缺口，到拥有几十款不同样式，而且生产出了收集宠物粪便的专用袋子等附加产品，福莱希已经占据了全球市场 70% 的份额，超过 90% 的产品出口到世界上 90 多个国家和地区。即使如此，福莱希公司现在的年销售额也并未超过 2 亿元人民币。但在宠物用品的牵引绳细分领域里，福莱希就是这个行业的隐形冠军。

案例 2

大荷兰人——全球畜牧设备行业领导者

大荷兰人（Big Dutchman）是一家世界领先的家禽、家畜设备供应商，也是全世界畜牧设备行业公认的领导者。在赫尔曼·西蒙教授收集的 1000 多家德国隐形冠军公司里面，排在第一位的是机械类企业，而且大多是规模在十亿到几十亿人民币的中型企业。大荷兰人公司就是这样一家典型的机械类隐形冠军。

大荷兰人虽然名称充满了荷兰元素，但它却是一家正宗的德国企业。1938 年，大荷兰人的创始人在美国发明了世界上第一套"自动化家禽饲喂系统"，为了纪念他们的荷兰祖先，将公司命名为大荷兰人（Big Dutchman），后来公司将总部设在德国和荷兰边界的 Vechata-Calveslage。1997 年，大荷兰人进入中国，在天津市成立全资子公司——必达（天津）家畜饲养设备有限公司。中国很多大型的畜牧业和食品公司，比如广东的温氏集团和四川的新希望集团都是采购大荷兰人的设备。温氏集团和新希望名声在外，但它们背后的大荷兰人却鲜为人知。到目前为止，作为同行业历史最悠久的公司，大荷兰人的员工也不过 3000 名左右，却遍布全球五大洲 100 多个国家和地区。

案例 3

卡赫——全球清洁设备解决方案的引领者

德国卡赫（kärcher）集团，原名凯驰集团，2018 年，卡赫集团宣布，将品牌中文名"德国凯驰"更名为"德国卡赫"。卡赫集团是一家专注于提供清洁保障机械设备的品牌公司，目前拥有高压清洗机、蒸汽清洁机、真空吸尘器等上千款产品。这是一家比大荷兰人历史还要悠久的机械设备公司。卡赫集团诞生于 1935 年，产品一开始主要用于民用，欧美国家的家庭住房不像中国，很多欧美家庭会拥有较大的个人空间，包括院子和房屋的面积都很大。对于一些急需保洁的家庭，自动清洁设备很受欢迎。随着业务扩展和口碑提升，尤其是进入亚洲市场之后，卡赫的商业用途也逐渐被开发出来。一些大型商场、机场的扫地车或大型扫地机器人，大部分都是卡赫集团旗下的产品。根据中国日报网的数据显示，卡赫集团 2020 年的全球销售额达到了 27.5 亿欧元。在全球清洁设备行业里，卡赫集团同样是一家典型的隐形冠军。

> **案例 4**
>
> 费森尤斯集团——全球透析、输液和医疗服务领域专家

德国费森尤斯集团作为隐形冠军，出现在赫尔曼·西蒙教授 1996 年第一版的《隐形冠军》一书之中。

总部位于德国巴登洪堡的费森尤斯集团最早从一家药店起家，距今有将近 100 年的历史。18 世纪时，费森尤斯家族获得德国赫氏药房（Hirsch）的所有权。1912 年，费森尤斯制药公司成立。1966 年，费森尤斯开始代理销售透析机和透析器，到 2003 年，费森尤斯的子公司费森尤斯医疗公司年产透析器 5000 万支。2004 年，费森尤斯卡比进入中国。到目前为止，德国费森尤斯集团旗下总共三大分支在全球独立运营，分别是专注于透析产品和服务的费森尤斯医疗，为重症和慢性患者提供临床营养和液体治疗的费森尤斯卡比，以及专注国际医疗服务和集团内部设施管理的费森尤斯医疗工程。

根据费森尤斯集团披露的 2020 年财务业绩报表显示，费森尤斯集团的销售额将近 400 亿美元。在医疗器械行业中，费森尤

斯集团已经是全世界透析、输液和输血设备,以及医疗服务领域的领导者。按照今天的标准,它已经是一家世界500强企业。

除了费森尤斯卡比,在赫尔曼·西蒙第一版《隐形冠军》中,还出现了一家世界500强企业,思爱普(SAP)企业软件供应商,一家与Oracle数据库并列全世界最大的两家软件管理公司。随着时间的推移,我们把这种壮大了的,甚至成为世界500强的企业称为"已经毕业的隐形冠军"。

二、日本的隐形冠军

相比于德国制造业的强悍,日本也是旗鼓相当。日本的制造业不仅有一批世界著名的大企业集团,还有着许多"名不见经传"却是很多行业里的隐形冠军的小企业,它们拥有着世界领先的技术,还有超高的市场占有率。

案例 1

柳屋——全球蟹肉棒设备的王者

日本有一家叫柳屋的企业,成立于1916年,最初是一家生产鱼肉饼的小工厂,20世纪70年代,成为生产蟹肉棒设备的公司,转变为一家机电企业,凭借产品不断创新,现在其全球市场占有率为70%。1975年公司第3代领导人接班后,花了5年时间去走访客户，结果得到的反馈是：柳屋的设备价格高、维修和性能都不好。"差评"激起了这位接班人的斗志：价格高，可以通过适当降价以增加销量；维修不好，就想办法提供更好的服务来弥补；性能不好，那就开发出更好的设备以促进销售。接下来他确定了几个原则：第一，做谁都不做的事情；第二，成为"不是这家公司就不行"的公司；第三，深度了解客户的工作；第四，要比同行早走一步，提出先人一步的方案。1979年，柳屋首次推出蟹肉棒加工设备。10年以后，在蟹肉棒领域，柳屋创造了全球市场15万吨、日本市场5万吨的产能。它创造了一个新的市场。2012年，全球的蟹肉棒市场规模为50万吨。

一家公司通过推出一个新型的设备，给客户带来了更大的年销售收入，同时创造了一个新的市场。

启示6

隐形冠军不仅靠核心技术，还要有信念，以及对客户的态度。

案例2

日本电子株式会社——电子显微镜的冠军

日本有一家企业叫日本电子株式会社，它制作专用于大学实验室的电子显微镜。虽然它的全球销售量很小，但始终深耕在这个领域，服务于小众客户。在这样的信念坚持之下，日本电子株式会社创造了全球市场70%占有率的奇迹。

近些年，随着对医疗、生物技术研究的深入，电子显微镜的市场越来越大。最重要的是，日本电子株式会社通过和客户联合开发，以最快的速度获得客户需求，保证了世界最高性能的产品开发，逐渐形成了行业壁垒，目前它已经创造了11种全球隐形冠军产品。

启示 7

要成为隐形冠军，只有技术还不够，只有满足客户需求的产品也不够，还得有营销渠道、营销战略。

案例 3

禧玛诺——全球自行车零部件之王

还有一家企业是全球自行车零部件之王禧玛诺，这家公司年销售额达370亿日元，在全球拥有1.1万名员工。1970年代，日本进入了汽车时代，自行车市场在快速萎缩，禧玛诺路在何方？最后，它决定要高端市场和低端市场通吃。

在高端市场，禧玛诺通过赞助欧洲专业比赛第一梯队的选手来提升知名度。在选手获得名次之后，大家发现，原来顶级选手用的都是禧玛诺的零部件,就这样禧玛诺逐步建立起了品牌。在欧洲建立了高端品牌的定位认知之后,禧玛诺在低端市场就用一两个零部件开拓,实现高端市场和低端市场通吃。

另外,禧玛诺还把销售中心放在新加坡,把生产和开发中心放在日本。为什么要这样做?因为在新加坡可以更快地拓展全球高端市场和低端市场。

启示 8

从隐形冠军到世界500强,在专属领域里深耕,在发展中不断壮大,紧跟时代步伐持续创新。隐形冠军的诞生并不是奇迹,它们的成功有迹可循。

坚持把自己专属领域的业务做好,几十年如一日地持续打磨,每天进步一点点,"百年老店"终将迸发巨大的力量。

1.4 哪些行业更容易产生隐形冠军？

当一个行业兴起以后，总会有很多相关领域的供应商开始进行研究。如何通过生产行业相关的配件进入这个领域，然后成为这个配件领域的世界冠军？这个现象，在今天的中国也正在发生。比如中国的高铁行业，中国的高铁从无到有，再到世界第一，带动起一批高铁零部件供应商。中国是世界风能领域的领导者，中国的风力发电装机容量占比超过全球三分之一，整机制造位列全球先进水平，也会带起来相关的零部件企业供应商。所以，一个行业，当主机制造控制了全球的话语权时，相应的零部件供应行业就会产生众多隐形冠军。

因此，才会有如此多的隐形冠军诞生在德国。好比一棵果树要想硕果累累，尽管后期的施肥、浇水、修剪、捉虫很重要，但种子和土壤无疑起着决定性的作用。

德国的工业品制造业几乎占据了德国行业种类的七成，这样的行业特点决定了德国会诞生数量众多的隐形冠军。把德国的经验放眼到全球，究竟什么样的领域会产生隐形冠军？如图1-2的客户销售购买图所显示的那样，一个行业或一家企业，如果客户或消费者的数量很多，而每位客户或消费者的购买量又很大，如图1-2右上角所示，像能源领域的国家电网、零售服务行业的沃尔玛、金融服务行业的工商银行，或者电子产品领域的苹果手机，这样的行业做得越大，背后产生隐形冠军的可能性也就越高。

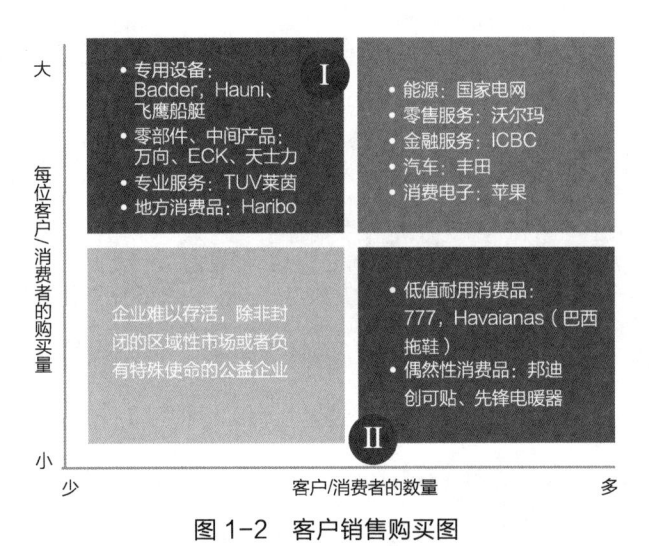

图1-2 客户销售购买图

有些行业单品价值很高，或者每个人购买的产品金额很高，但是客户数量有限，尤其是一些专用设备，比如烟草机械制造业的领军企业Hauni（中文翻译为虹霓）公司，作为全世界生产高速卷烟设备的最大品牌，虹霓卷烟机曾经一度占据全球卷烟设备的90%。尽管它几乎实现了对全球卷烟设备的完全垄断，但世界上卷烟企业的数量却是有限的。这是一个典型的客户数量很少，但是每个客户采购的金额很大的案例。像这样提供专业设备、专业服务、

01 揭开隐形冠军的神秘面纱

中间产品或者地方消费型品牌的领域也有可能产生隐形冠军。

另外一种行业，如图1-2右下角所示，客户或消费者众多，但是每个客户或消费者的采购数量很少，采购金额也很有限，成为隐形冠军的可能性就要低很多。就像每个人都会用到指甲刀，但一个人一生可能也不会买超过100块钱的指甲刀，每个人的采购金额很小。韩国有个指甲刀品牌777，专注于生产美容美甲工具系列产品，产品质量很高，企业规模也很大，国内市场占有率在90%以上，世界市场占有率则在50%以上，每年可以做到几个亿的销售额，就指甲刀领域来说，这是一个很了不起的数字。再比如巴西有一家全球品牌哈瓦那（Havaianas），是做拖鞋生意的企业，主打人字拖，喜欢购买哈瓦那人字拖的顾客很多，但人字拖的价格上限最贵也就在100块钱左右。这样的领域，诞生隐形冠军的可能就要小得多。

如图1-2左下角的行业，本身客户或者消费者很少，而产品的价值或价格又很低，几乎很难产生隐形冠军，甚至企业生存下去都很困难。比如我们要买一本1896年出版的旧书，全世界的需求量可能也就几十上百个人，自然不能够做大做强。当然，因为有互联网的存在，这种情况已经得到了极大的改善。单就旧书买卖而言，中国的孔夫子旧书网就做得很不错。但整体来讲，这种行业注定举步维艰。

综合以上数据和分析，我们可以发现，在图1-2上面的两个象限才是产生隐形冠军最多的领域，而这也正是有志于打造隐形冠军的企业家们所要努力的方向。

1.5

德国哪些"土壤"孕育了如此多的隐形冠军？

为什么在德国会出现如此多的隐形冠军？为什么德国会有如此多专注于细分领域的隐形冠军带来如此强劲的出口效益？工匠精神、创新能力、细分市场，这些因素固然重要，但这些作为大多数成功企业所具有的共性，并不能完全概括如此多的隐形冠军出现在德国的原因。归根结底，这还是由几十年甚至上百年以来德国民众的消费心态和德国企业家的意识决定的。

一、特殊的历史和地缘因素：必须走国际化之路

德国统一前，长期分散的众多小邦国为商品的出口流通提供了便利。

简单回顾德国的历史，不难发现，历史上的欧洲长期处于分裂局面，这个总面积几乎与中国面积相等的大洲拥有 40 多个国家，一个国家平均还没有中国的一个省大。在德国历史上，曾经出现过德意志第一帝国、德意志第二帝国和德意志第三帝国，后来还出现了德意志共和国。100多年前的德国四分五裂，最混乱的时期甚至由上百个邦国组成，而且国与国之间要相互征收关税。1949年，德国分为德意志民主共和国和德意志联邦共和国，也就是东德和西德。直到1990年，东德并入西德，德国才又一次实现了统一，也就是现在的德意志联邦共和国。

正是这样一个不断分裂统一的过程，让德国甚至欧洲的商品流通变得简单而频繁。企业如果想把生意做大，实现长久发展，就必须走国际化路线，而且要保证产品利润高于关税。在一个小镇都可以称为一个国家的年代，出口贸易其实是很简单的一件事情，只要把东西从这个镇卖到那个镇，就可以称之为出口。所以，从历史上欧洲各个国家之间的联系上来讲，出口是一件自然而然的事情。

二、传统技能的代代传承：强大的德国手工业行会

整个欧洲，尤其是西欧拥有很深的手工业传统，并因此而诞生了各行业的手工业行会。英国工业革命开始以后，大工业开始成为主流，随着手工业的衰落，原来的手工业行会也逐渐没落了下去。但是，德国却最大限度地保留了西欧手工业行会的传统。

（一）德国手工业行会的第一个特点就是讲究行业内互助

以木匠行业为例，直到今天，木匠行业仍然拥有强大的行会。在德国，木匠通常要做3年学徒，先跟着师傅干满2年学徒，然

后再用一到两年的时间去游历全国,甚至游历全欧洲。学徒不得不像苦行僧一样背个包裹,走街串巷,走村串镇,到各地打零工、干零活。如果碰到做小型家具或者其他的木工坊,就问人家:"您这要不要人?我可以在这里待一段时间。"老板试用之后,觉得人还不错,技术也很出色,很可能就把人留下来。

在整个学徒游历的过程中,木匠行会起到了不可替代的组织作用。比如在中国,一个山东潍坊的木匠要到人生地不熟的河北沧州去游历,山东潍坊的木匠行会就会和河北沧州的木匠行会进行协调,派人进行接待任务。有了业内的人指路,整个求职之路就会顺畅很多。这种行业内的互助,在农业时代尤其重要。

(二)德国手工业行会的第二个特点就是控制竞争,包括业内竞争和异业竞争,异业竞争就是不同行业之间的竞争

地区间的竞争会造成产业集群,比如,德国的黑森林地区就是德国精密仪表制造集群地。把现在的精密仪表制造集群地往前追溯,它最早其实是做钟表行业的。在手工业时代,钟表作为精密机械的代表,几乎就是唯一的经济体系。比如索林根地区,专门生产刀具,几百年以来一直是有名的五金之乡。这个传统一旦形成,很难改变。身为其中的一分子,没有点拿手的绝活,是根本无法在这个地区的这个行业中立足的。

手工业行会要对不合理的竞争进行控制。经济学家厉以宁在他的著作《西方经济史》中谈到异业竞争时,讲过一个例子。某

01 揭开隐形冠军的神秘面纱

地区有一户人家，因为遭遇恶劣天气，刮大风下大雨，结果墙塌了。这时，他家正好有一个泥瓦匠在修缮屋顶。主人问他："你能不能顺便帮我把墙也给修一下？"在中国，我们会觉得这是一件再自然不过的事情。可是在德国，按照行会的要求其实是不可以的。因为按照行会之间相互的约定，墙壁是石头堆砌的，维修就要交给石匠来做，泥瓦匠不能干石匠的活，只能负责修缮屋顶。一旦泥瓦匠干了石匠的活，那就成了多元化，会被人认为不够专业。谁如果"动了别人的奶酪"，就破坏了行业间的规矩。

所以，了解了这一点，我们就能理解，为什么今天德国的隐形冠军都会小心翼翼地守在自己的细分市场里面，而不会轻易将业务铺开，把产品做到多元化。这些都是当年手工业行会的传统。但是在国内，在中国的传统里，尤其是最近几十年，没有人会强调你去干什么，别人会怎么想。

除了异业竞争，对于业内竞争，德国行会也会进行控制。好比有个小镇，经过行会的评估，这个小镇的人口规模只能养活一个理发师或者一个剃头匠。而如果剃头匠带了一个学徒，学徒能不能在这个小镇再开一家理发店？按照德国手工业行会的规矩，是不可以的。如果学徒想自立门户，必须要另外找地方，因为这个村的人口只能养活一个剃头匠。

关于剃头匠，还有一个美国梦的故事。19 世纪 80 年代，德国巴伐利亚州某个小镇有一位 16 岁的理发学徒弗里德里希·特朗普，他在小镇上起早贪黑地学了两年半，每周培训7天。他学成之后才意识到自己所呆的小镇太小了，根本容不下两个理发匠。弗里德里希·特朗普走了很多地方，始终找不到工作。最后，16岁的他离开老家的母亲和四个兄弟，只身一人带着一只皮箱和一张三等舱船票飘洋过海来到美国。

当时的美国，和中国七八十年代的深圳有些相像，也是一片创业的热土。虽然一开始不会说英语，但凭着勤奋努力，这个德国学徒慢慢地在美国立住了脚跟。他先是开了一家理发店，积攒下了第一桶金，又经营起了餐馆和小旅馆，慢慢地成家立业，在美国定居。后来，在老特朗普移民美国100多年后，他的孙子唐纳德·特朗普成了美国第45任总统。换一个角度，如果没有德国商业行会对竞争的控制，或者当年的德国小镇能够容得下第二个理发匠，那么也许就没有了后来的特朗普总统。

（三）德国手工业行会的第三个特点就是保证产品的品质

比如在某些行会的约定里面，尤其是早期的劳动密集型制造业企业，是不允许采用计件工资制的。一家企业，如果采用计件工资，同时给的底薪却很低，工人为了获得更高的工资，势必要加大制作速度，产品质量往往就要出现问题。这个现象，在早年间甚至现在的浙江温州或者广东珠三角地区的一些劳动密集型企业中普遍存在。包括不符合行业标准的原材料不能使用，行会对此也要负责。

除了保证产品的品质，行会还要控制每一家企业或工厂的规模。公元 1345 年，法兰克福的纺织行会规定：每一家作坊不能有超过两台织机。如果是皮子作坊，毛皮行会就会规定，每家每年使用的羊皮不能超过 150 张，牛皮不能超过 100 张。在这样的情况下，几家工厂在同一个镇上开皮子作坊，行会对每年的产量上限做出规定，为了提高利润，单纯依靠规模走量的方式已经不可行，那么大家势必要从产品质量上下功夫，高品质卖出高价钱，高品质吸引回头客，这才是正确的竞争方向。行会用规定对企业进行压制，但企业家往往都具有雄心壮志，这样矛盾就产生了，这时有些企业会选择走出去，而关联企业在这种情况下也就产生了。

正是这些规定，让以德国为代表的欧洲手工业企业慢慢做了起来。

启示 9

在手工业时代，德国出色的作坊选择了一条品质之路，德国人凭着精工细作打下良好口碑，出现了许多百年老店和隐形冠军。

三、德国教育：双轨制职业培训体制

德国的教育体系，跟英美有非常大的差异，德国很少有 MBA 这样的专业，德国名校的名气也远不如哈佛、剑桥这样的学校，但是德国的人才却代代相传，层出不穷。德国人专有的教育理念让他们具有专业技术领域的训练。德国一直注重以实践为导向的理工科教育，其中德国的职业教育做得尤其出色。德国出色的双元制职业教育成为德国经济腾飞的秘密武器。当今世界上，只有德语文化圈的国家，包括德国、奥地利和瑞士将职业教育学作为大学的独立学科，将教学与科研结合，培养了众多具有较高文化素质的德国工匠。

中国如今的职业教育，也有向德国职业教育学习的方面。按照目前的教育政策，50%的初中毕业生很有可能被分流到职业高中或者中专。但是，在职业教育具体的培养措施上，中国向德国学习的地方还有很多。

2005年，赫尔曼·西蒙教授带我们参观他的办公室所在地波恩的一所职业技术学校。我们参观这所学校里的汽车制造专业，学校的老师告诉我们，他们会直接和宝马公司进行合作，汽车制造专业的学生每1周可能三天时间在学校，剩下两天在宝马公司实习。学校实验室里的实验样品车就是最新的宝马三系轿车，学生们可以把这台最新的宝马三系轿车反复拆装，直到弄懂为止。这是他们职业教育非常宝贵的传统，直到今天仍然有着强大的生命力。

除了先进的职业教育体系，德国的很多企业仍然实行学徒制，直到今天，大部分机械类行业和电子行业仍在实行学徒制。中国以前许多老的国企也有过学徒制，年轻人被分配到某国有企业工作，跟着能力比较强的老师傅做学徒，学过一两年之后，企业会

01 揭开隐形冠军的神秘面纱

组织一个技术比武类的赛事，以检验学徒的水平。我国的江苏太仓曾经是全国国企最集中的地方，很多企业直到现在仍然实行学徒制，每年都会进行学徒排名。通过老人带新人这种"传帮带"的方式，学徒在实践中慢慢摸索，总结经验。

事实证明，很多肌肉记忆是经过技术强化或者是经验积累形成的，并不能完全用科学或数据来概括。比如某企业某款新车，它是完全模仿某款奥迪车来制造的。当时，为了研制第一台这款新车，企业董事长专门成立了加工厂，引进了最先进的生产线和最出色的技术工人，然后专门拆了一台奥迪车，看它采用什么材料和零部件，就买来同样的材料和零部件。在生产工艺上，以拧螺丝为例，奥迪车的螺丝拧多少圈，这款新车就一圈不差，有样学样。经过一番努力之后，这款新车终于组装完毕，内饰、动力各方面都不错，但也有一个最大的问题，开到 80 千米/小时左右时，汽车就开始抖动。技术工人反复查找，都找不到问题的原因所在。所以一开始，这款新车的研制并不算成功，上市时间也一再推迟。

后来，该企业的技术工人不服气，就找来他们和奥迪共同的供应商，将一部该新车的整车零部件运到奥迪德国工厂，请奥迪的技术工人组装。结果汽车组装出来之后，双方都很佩服彼此。德国工人服气的地方在于，中国工人用了德国工厂四分之一甚至五分之一的价钱就组装出来了一辆同等质量的汽车；中国工人服气的地方在于，这些零部件经过德国工人亲手组装之后，果真没有发生抖动的情况。

汽车厂的工人寻找产生这种现象的原因，可就连奥迪高层的管理人员也说不出原因。后来，还是奥迪的一位基层的高级技工出来解释说，组装车的时候，有很多技巧不是单凭数据能够看出来的。好比拧螺丝，工人在拆卸下来时，感觉可能拧了5圈，但是在组装上去的时候，可能会拧到5圈半，甚至6圈，然后再拧回来半圈或1圈。这种事情没有人能告诉你，必须要靠自己摸索，这就是经验。

启示10

德国提倡必须要有工匠精神这样一股钻研的劲头。工人以拥有在各自技能上的长处为毕生事业，并为此而骄傲，而不觉得比其他行业或者人群卑微。只有全社会每个人都心存这样的想法，才能获得品质的提升。全社会也必须营造这样一种氛围，让真正的技术工人感受到尊严，享受到因为技术而带来的乐趣。

1896年英国的记者威廉姆斯（E.E.Williams）写了一本名为《德国制造》的书。他在书中提到：哪个民族都有科学的天才和技术处理的手段，但德国人的不同之处在于他们拥有广大的受过良好科学技术训练的民众，为科学技术向实践应用的转化提供了丰沃的土壤。他们所着力培养的不是卓越的商店导购或者有情怀的家庭教师，而是一流的工匠或工程师，是那些对他们的工作知其然也知其所以然的创造者和实践者。这是英国人对德国人的评价。

实际上，就在威廉姆斯写这本书之前的几十年，德国制造一直是廉价与劣质的代名词，德国产品的材料、工艺、质量，差劲到就连德国人自己都瞧不上。1876年，德国教授兼法官，同时也是机械制造专家鲁洛在美国费城世界博览会上把德国产品大骂一通。从那时候开始，德国人开始反思，自己的产品与所谓的象征时髦与尖端的英国货究竟差在哪里，他们开始把英国货买回去研究，甚至派人到英国去学习手艺。德国人身上令人敬佩的一面开始展现出来，他们理性、严谨、勤奋、守时、敬业、系统、精确，仅仅十几年之后，德国制造就打了一个翻身仗，取代英国货成了品质的代名词。曾经让人唾弃的德国货被贴上了耐用、可靠、安全和精确的标签，风靡全世界。

四、强大的制造业基础：汽车工业时代的到来

风云际会的历史给德国人带来了机会，尤其是汽车工业时代的到来。众所周知，现在制造行业的第一大类就是汽车制造。到目前为止，汽车行业也是制造业领域诞生的唯一万亿元人民币级别的市场。

在赫尔曼·西蒙商学院日本培训班的时候，我们和其中一位博士学员聊到中国产业升级转型的过程，想从德国产业转型升级的过程中获得一些经验，如何让产品实现从相对低质量到高质量，从低价到高价，从普通到高端。后来，这位博士解释说，19世纪末，德国经历了非常短暂的工业追赶过程，很快就成为世界上顶尖的

选手。从产量上来讲可能低于美国，但在质量上，德国的出口已经成为全球第一。从1890年到1910年的20年间，德国获得的诺贝尔奖比英、法、美三国加起来都还要多，德国迅速进入了一个高度创新的时代。对于当时的德国工业来讲，一件大事就是鲁道夫·狄赛尔（Rudolf Diesel）发明了柴油机。柴油机的英文单词diesel就是从狄赛尔的名字得来的。后来，德国光学企业卡尔·蔡司公司诞生。然而，最重要的一件事还是卡尔·弗里特立奇·本茨发明了奔驰汽车。这也是当时出现的最大产业。作为汽车工业的发源地，德国享有到目前为止主流制造业的大部分门类。

几乎在卡尔·本茨发明奔驰汽车的同时，戴姆勒也发明了类似的装置，这也足以看出，汽车的发明并不是偶然，因为当时汽车制造已是大势所趋，大家都在朝这个方向努力。

奔驰汽车最早诞生在一家铁匠铺里，卡尔·本茨不遗余力地进行各种测试。为了做实验，他甚至把妻子的缝纫机脚踏板都拆了下来，经过无数次实验，世界上第一台奔驰汽车终于诞生了。这是一辆三轮汽车，时速是16千米。今天，如果我们去日本爱知县的丰田汽车博物馆参观，会在门口显眼的位置发现这样一台最早的奔驰样车，这也代表着现代汽车人向它的发明者的致敬。

卡尔·本茨虽然发明了汽车，但他却不敢开着汽车上路。他害怕半路抛锚，让人嘲笑。后来，还是他的太太，一位传奇的德国女性开上了这辆汽车，因为她要回娘家。虽然只有十几千米的

01 揭开隐形冠军的神秘面纱

路程，路上却有过几次抛锚，而且路上没有加油站，她不得不在燃料燃尽之后去药店买来酒精作燃料，最终，她成功地把汽车开到了娘家。从历史的角度来看，全世界第一台真正的汽车还是由一位德国女司机完成驾驶的。

伴随着汽车工业的起源，德国诞生了三大汽车集团，奔驰、宝马、大众。相对前面两个品牌，大众汽车的出现要晚一些。奔驰、宝马、大众、奥迪，加上一些如今已经消失的品牌，构成了德国汽车产业最初的生产格局。仅仅在三大汽车集团背后就有一个庞大的零部件供应链，每一个零件的供应链上都有可能产生一个隐形冠军。所以，在赫尔曼·西蒙教授记载的1000多家隐形冠军名单里很多都来自汽车行业，而且其中很多发展到今天已经成了世界500强企业。

1886年，罗伯特·博世在德国的斯图加特创办了一家"精密机械和电气工程车间"。第二年，他改进发明了一种内燃机火花塞，解决了内燃机点火系统这个被卡尔·本茨称为"难题中的难题"。在随后100多年的时间里，博世开发了20000多种不同型号的火花塞，生产总量达到70亿只。1967年，博世公司和西门子公司组建博世－西门子家用电器集团，简称博西家电。如果不是这次合作，很多汽车行业之外的普通百姓并不知道有这样一家企业。

马牌轮胎，德国汽车工业时代诞生的另一大品牌，现在也称作德国大陆轮胎。这家始建于1871年的公司，现在已经成长为世界第三大轮胎制造企业、欧洲最大的汽车配件供应商。马牌最早是做马车轮胎的，汽车工业时代到来以后，马牌及时转型，跟上了汽车制造业的步伐，转而向汽车提供轮胎，根据德国马牌轮胎母公司大陆集团发布的业绩，2019年大陆集团的销售额超过400亿欧元，2020年受全球经济形势影响，但销售额仍然有370亿欧元左右。

1.6 日本哪些"土壤"孕育了如此多的百年企业隐形冠军？

2014年3月，日本经济产业省首次征集了218家企业，最终确认了107家隐形冠军。在日本，大企业、中型企业和中小企业都有可能被评为隐形冠军，大型企业要求在过去3年连续保持20%以上的全球市场占有率，而中小企业则要求在过去3年持续保持10%以上的全球市场占有率。

在日本，一百年以上的企业超过3万家，两三百年的企业也有很多。为什么日本会有这么多长寿的中小企业？它们的竞争优势，究竟体现在什么地方？其中一定有它们的独到之处。

在日本社会，虽然也有企业作假造假的事件发生，但是总体来说，比例是极低的。而且一旦这种丑事被曝光，那么后果是极其严重的。所以，真诚做人、诚信经营，是日本社会迫使企业家们形成的商业道德底线。

记得有一次访问日本某大学研究生院，我就这一问题请教了时任日本中小企业协会会长的井出亚夫先生，他回答中谈到两点：第一是日本国土狭小，所谓坏事传千里，如果一家企业做了假冒伪劣产品，坏名声很快就传出去了，企业就无法立足；第二是日本资源匮乏，作为日本政府及中小企业协会，要考虑到100年后日本中小企业如何生存与发展。

当听到井出亚夫老先生说出"考虑100年后日本中小企业的生存与发展……"，我们心里真是无限感慨。

通过我们带学员多次访问日本企业，与日本企业老板、管理人员交流，特别是日本在所谓的"失去的二十年"中，企业成功地转型升级，深切感受到日本企业强大的竞争力包含两个层次。

一、眼睛看得见的表层竞争力

比如产品的外观设计或者某项功能。但这种竞争力很容易被替代，只要找到更好的人才，或者花钱把技术买过来，就可以解决，所以这只是看得见的表层竞争力。

二、真正的竞争力，是眼睛看不见的深层竞争力

日本企业看似动作缓慢，思想保守，还颇有些"大锅饭"官僚主义的味道，实际上却充满着创新动力、创新机制，不断涌现着创新成果。

不然，你很难解释为什么那么多核心技术都掌握在日本企业

手里。就像进入 21 世纪以来，日本已经有 28 名诺贝尔奖得主。

> **案例**

"三新行动"成为日东电工技术开发的 DNA

日本电工株式会社（以下简称日东电工）在 1918 年创立之初就确立了要成为一家"技术导向性公司"的目标。成立早期，公司就深谙"与客户的密切关系是研发的基础"的道理，仔细听取客户需求，并将客户需求融入研发中，市场、技术与设计部共同参与研发过程，反复进行试验，不断改进产品，最终研发出第一款产品电气绝缘清漆。

日本隐形冠军往往几十年甚至上百年与客户保持着长期的战略合作关系。要维持长期的客户关系，在开发出第一款隐形冠军产品，建立了优势技术后，将之尽快转化为组织的技术基因，沉积为技术文化，从而开发出更多的产品就显得非常重要。

在研发出电气绝缘清漆后，日东电工先把相关的技术沉淀下来，陆续开发出黑胶带、防腐剂胶带等产品，确立了自身在电绝缘材料领域的地位。后来又以贴、涂、黏合技术为基础，不断发掘新的细分市场，先后生产出电气绝缘铸造和成型产品、汽车涂漆面所用的保护膜等一系列隐形冠军产品。目前，在电子器械、医药品、水处理设备等领域，日东电工每年销售收入的 30% 以上都来自近三年开发的新产品。不断"研究新产品、开发新品类、创造新需求"的"三新行动"成为日东电工技术开发的DNA。

启示 11

从日本隐形冠军打造产品力的经历中可以看出企业在从客户需求出发打造了一款明星产品后，将其技术DNA沉淀下来，复制到更多的产品上，并不断缩短技术和产品开发的周期，既有利于提升企业的核心竞争力，又有利于维护长期的客户关系。日本隐形冠军在产品力打造方面的经验也为中国企业提供了借鉴。

02

CHAPTER

德国日本隐形冠军到底强在哪里？

· 隐形冠军强大的核心价值观
· 长寿价值观背后的三大核心战略特征
· 隐形冠军领导者的五大特质
· 隐形冠军的四大特征

2004年，赫尔曼·西蒙教授第一次来中国做关于隐形冠军的演讲，和中国企业家面对面对话。第一站演讲在北京大学进行。赫尔曼·西蒙教授演讲完毕，北大光华管理学院的一位MBA学生提了一个问题，这位学生问道："赫尔曼·西蒙教授，您的演讲很精彩，感谢您为我们带来一场知识丰富的盛宴。不过我有一个问题，关于隐形冠军您讲了很多，可是，这些企业通过几十年、一百年甚至两百年的成长，仍然是一个拥有百十来个员工、几千万产值的中型企业或者小型企业，这样的企业算成功吗？他们值得我们学习吗？"

　　距离提出这个问题已经过去了十多年，现在我们重新思考这个问题：付出这么长时间的努力，取得如此成就，这样的企业值得学习吗？

02 德国日本隐形冠军到底强在哪里？

2.1 隐形冠军强大的核心价值观

2004年，旺旺食品总裁，有"米果大王"之称的中国台湾企业家蔡衍明说过一段经典的话：在墙上挂一幅中国地图，随手拿个飞镖扔上去，扔到哪个地方旺旺食品就去哪个地方开工厂，随便哪里都能活下来。

2001年中国加入世界贸易组织，2004年正是中国经济高速腾飞的时期。每个人都雄心万丈，每个行业都蓄势待发，整个国家都被创业的热情和激情所点燃，似乎人们干什么都可以成功。可是很少有人能够意识到，一个企业经历经济周期的变动和行业的更新变革之后，仍然能够活下来，才是最关键的。

加拿大作家马尔科姆·格拉德威尔在《逆转》一书中曾经提出"小池塘里的大鱼，大池塘里的小鱼"的观点，究竟是做一条小池塘里的大鱼，还是做大池塘里的小鱼，得到的结果并不一样。但无论怎么样，一条鱼即使再大也不可能超过池塘。所以，隐形冠军的核心价值或者经营哲学就是活下去并获得持续成长，这是比把规模做起来更重要的事情，也是隐形冠军最核心的价值观。

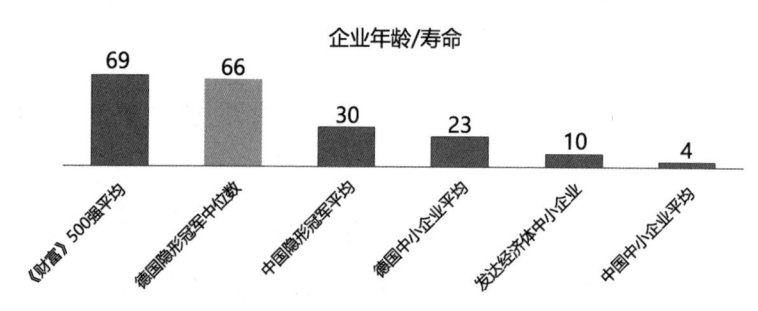

图 2-1　隐形冠军的价值观：企业寿命 > 企业规模

通过图 2-1 中的数据，大致可以看出，德国隐形冠军寿命的中位数是 66 年。之所以采用中位数而不是平均数，是因为中位数相对更合理，更能代表大多数隐形冠军的真实寿命。因为在德国，一家企业可能有 500 年的历史，而另一家企业则可能只有 10 年，平均起来可能有 200 多年。

19 世纪，英国人威廉姆斯（E. E. Williams）在《德国制造》一书中曾经提到德国人的长远眼光。伴随着德国的崛起，威廉姆斯的许多预言也都变成了现实。

威廉姆斯书中曾写到过一家名为埃尔伯菲尔德（Elberfeld）的化工企业。当时，这家企业的规模并不很大。但令威廉姆斯吃

02 德国日本隐形冠军到底强在哪里？

惊的是，埃尔伯菲尔德竟然雇用了60多名有着深厚专业背景的化学工程师组成一个拥有固定建制的部门。他们拿着高薪，拥有优良的设备，却并不直接参与日常生产，也不为企业提供直接产出。当时，按照德国人的说法，这叫科研或者研发。在英国人眼里，这些研发人员如果发明出一种新产品，那么这家德国企业就在高质量的创新之路上向前迈进了一小步，每一小步最终积累成一大步。而且让威廉姆斯感慨的是，这样的企业在德国并非孤例。相比埃尔伯菲尔德化工厂，曼海姆地区的巴登苯胺与苏打厂则雇用了"无所事事的化学家高达78位"。经过100多年的发展，当年的巴登苯胺与苏打厂如今拥有一个更加响亮的名字：巴斯夫，全世界最大的化工企业之一。

一个英国记者100多年前的观察，觉得这个企业将来可以做大做强，而事实也确如书中所料。可见，是否在研发上投入大量的时间、人力和金钱成本，是一家企业有没有长远打算的关键指标。100多年前的企业已经这样做了，今天的隐形冠军一定也是这样做的。正如前面提到的卡赫集团，在2005年前后还是一家销售额仅二三十亿元人民币的中型企业，可当时它们已经进行了高温高寒地区基础材料的研发工作，也就是在极端恶劣环境下的产品测试工作。这样一个并非高科技的行业，却肯投入巨大精力去做研发，这在德国很是常见。

德国著名的机械公司阿亨巴赫始终坚持一个理念：把企业做进500强不如做足500年。这家德国最古老的家族企业成立于

专精特新：向德国日本隐形冠军学什么？

1452年，最初不过是兄弟几人迫于生计成立的一家铁匠铺。在漫长的发展历程中，阿亨巴赫经历了几个关键阶段，见图2-2所示。第一阶段是农业时代。那时的阿亨巴赫跟中国明清时期的铁匠铺并没什么两样，主要为农业、园艺制造锄头、铁榔头等各种工具和设备，然后出售给当地的农民、铁匠和花匠等人。进入工业时代以后，随着工业化程度的提高，阿亨巴赫进入到第二发展阶段，开始生产轧辊和轧辊机架等铸造产品，从铁轧机到有色金属轧机，再到轻金属铝轧机，轧机厂和铸造厂带来了大量的订单。第三阶段，从第二次世界大战前后，阿亨巴赫开始把产品卖向国际市场，尽管产品卖往全世界，但一直到20世纪60年代，阿亨巴赫的员工也不过千名左右。通过实施北美和亚洲的国际化战略，今天的阿亨巴赫已经成为有色金属轧机市场上的领导品牌，在铝箔轧机、轧机自动化和料卷分卷机等领域占据了世界市场的主导地位。阿

高峰时曾是全球3/4的铝板轧机生产商。1960年代有超过1000名员工，今天只剩345名员工，但是每年创造8亿人民币销售额。从一家工业企业进化为一家工程服务企业。

	阶段一 (1452-1846)	阶段二 (1846-1888)	阶段三 (1888-1945)	阶段四 (1945-1980)	阶段五 (1980-至今)
产品/ 服务	用于制造农具的可锻造铁棒	铸铁产品，从家用（烤箱板）到商用（齿轮、滚筒）	轧机，从钣金轧机到发明卷线机、带钢轧机	有色金属板材、箔材轧机	有色金属平扎和薄膜切割机器与系统解决方案
核心 能力	水力驱动的锤式锻造机	铸铁技术+硬煤资源	铸铁技术和产能、轧机制造技术	金属轧制技术（更宽、更薄、更快）和环保工艺	有色金属轧制的全产业链整合能力，IoT技术
面向 市场	当地市场	区域市场	德国市场	国际市场	全球市场

图2-2 阿亨巴赫：做进500强不如做足500年

02 德国日本隐形冠军到底强在哪里？

亨巴赫公司发展最繁荣的时候，一度承包了全世界四分之三的铝板轧机。如今的阿亨巴赫已经不再是一家单纯的工厂企业，而是转型成为有色金属和精加工行业提供有色金属轧机和铝箔切割机的全球系统供应商。

在过去的5个半世纪中，阿亨巴赫一直都在它最初所在的行业里活着，并做到这个行业领头人的位置，而这也正是一家隐形冠军最重要的特质。

2005年，我们开始调研中国的隐形冠军，那时中国能够符合隐形冠军的企业不过几十家，发展到现在大概有200多家。当时，那些企业的平均寿命是15年。而今天令人惊喜的是，当年那些企业，几乎都还活着，而且平均寿命已经超过30年。

启示12

无论是在德国还是在中国，一家企业一旦选择了走隐形冠军这条路，即使不一定能成为世界500强，大多数企业也都可以活得很久。任正非曾经说过："什么叫成功？是像日本那些企业那样，经九死一生还能好好地活着，这才是真正的成功。我觉得华为没有成功，只是在成长。"

在任正非这样的企业家看来，在隐形冠军的核心价值观里，活着就是成功，活着才是王道。

2.2 长寿价值观背后的三大核心战略特征

秉承着"活着才是王道"理念的隐形冠军,很多都是百年老店。比如,德国历史最悠久、寿命最长的施宏威(SHW)公司,其前身为施瓦本钢铁厂,作为全球领先的制造造纸设备的公司,它的起源可以远溯到1365年,距今已有600多年的历史。

在德国隐形冠军长寿基因的背后,其实还隐藏着三大核心战略特征:第一是基于聚焦的持续创新,第二是国际化经营,第三是家族式治理。

一、持续聚焦,才能不断创新

隐形冠军大都具有强烈的生存欲望,它们非常注重消费者的需求。客户的需求永远存在,隐形冠军专注于自己所擅长的细分领域,跟着客户的需求走,获得持续成长。著有《第四次管理革命》的曹仰锋曾说过:"从市场上一点点聚焦往外走,而不能撒胡椒面。你的业务可能一公里宽,但是要钻一百公里深,有这么一个精神

02 德国日本隐形冠军到底强在哪里？

才能成为冠军。"

很多隐形冠军，就像小池塘里的大鱼，它们面向窄小的市场，却拥有特别高的市场份额，这样的企业都会拥有自己的特点和特别强的竞争力。它们注重追求价值链的深度，甚至不惜在一定程度上牺牲产品线的宽度。这些正是源于对行业的专注和对产品的聚焦。

案例 1

温特豪德（winterhalter）洗碗机

温特豪德（winterhalter）洗碗机就是一个专注聚焦，不断创新的典型案例。温特豪德是一家位于德国康士坦茨湖边梅肯布伦的家族企业。它有着 60 多年的商用洗碗机制造历史，到如今已经拥有了三代人的文化传承。

创业初期，温特豪德把洗碗机分为家用和商用两个大类。家用的规模相对较小，主要针对以家庭为单位的普通消费者。而商用的规模则略大，大型商用洗碗机又可以根据客户需求不同分别卖给医院、学校、企业和监狱等，如图 2-3 所示。

对于温特豪德来说，大部分商用洗碗机从产品上来讲并不存在本质的差异，最终还是落在服务质量上。一开始，温特豪德想抓住细分之后的每一个领域，但随着计划的进行，他们很快发现

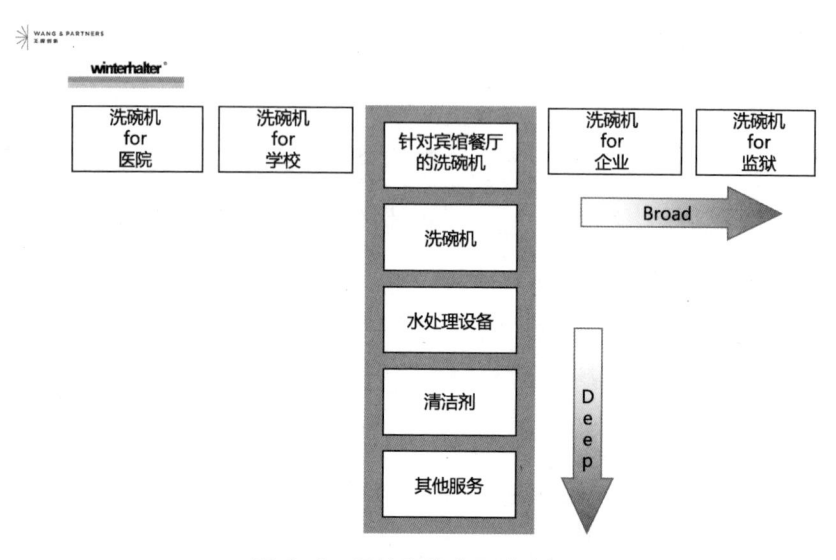

```
┌──────┐ ┌──────┐ ┌──────────┐ ┌──────┐ ┌──────┐
│洗碗机│ │洗碗机│ │针对宾馆餐厅│ │洗碗机│ │洗碗机│
│ for  │ │ for  │ │ 的洗碗机 │ │ for  │ │ for  │
│ 医院 │ │ 学校 │ ├──────────┤ │ 企业 │ │ 监狱 │
└──────┘ └──────┘ │  洗碗机  │ └──────┘ └──────┘
                  ├──────────┤      Broad →
                  │水处理设备│
                  ├──────────┤      Deep ↓
                  │  清洁剂  │
                  ├──────────┤
                  │ 其他服务 │
                  └──────────┘
```

图 2-3　温特豪德商用洗碗机

根本没有办法做到服务好每一个细分领域。因为不同的行业会有不同的服务需求，服务需求的差异化要求他们必须集中精力。以监狱的洗碗机为例，相比于洗干净，监狱的洗碗机会更加注重速度。数量众多的犯人要在很短的时间内集中吃完饭，洗碗机洗碗的速度必须快。与监狱形成鲜明对比的另一个极端就是宾馆。大型宾馆和餐馆的盘子更加精致和娇贵，对洗碗机的要求也要高得多，他们要求洗出来的盘子和碗不仅洁净、干燥，最好还能带着瓷器特有的光泽。

意识到这一点之后，温特豪德决定，是时候做出决断了。他们必须找到一个切口，并在这个领域里做深做强。最后，经过慎重考虑，他们选择了针对宾馆、餐厅的洗碗机，把其他领域的服务全部砍掉了。在宾馆、餐厅的洗碗机领域里，他们继续深耕，

德国日本隐形冠军到底强在哪里？

除了制造洗碗机以外，还提供配套的水处理设备、清洁剂及其他服务等。

启示 13

产品聚焦对于企业长寿有着不可估量的作用。小切口、大纵深，这是典型的隐形冠军思维。切口挖得越深，产品越具有不可替代性，别人越难以深入进来，越难超越。

案例 2

格罗茨·贝克特（Groz-Beckert）的传奇重生之路

格罗茨·贝克特（Groz-Beckert）是一家成立于1852年的德国公司，致力于提供工业用针、精密部件和精密工具。创业初期，格罗茨·贝克特主要为制作工业缝纫机提供缝纫针。二战时期，格罗茨·贝克特的两家工厂遭到严重破坏，被同盟军的飞机炸得面目全非，尤其是位于开姆尼茨的工厂几乎完全被摧毁，剩余的设备则被拆除运往苏联。

战后的德国作为战败国，全国经济奄奄一息，但是格罗茨·贝克特却奇迹般地活了过来。原来，法国的纺织工业协会联名写信给盟军总部，请求保留格罗茨·贝克特这家企业，理由是法国的纺织企业需要德国格罗茨·贝克特缝纫机针。1945年，在法国纺织业的压力下，对格罗茨·贝克特工厂的拆除工作被迫停止了，格罗茨·贝克特死里逃生，生产得以重新开始并迅速步入正轨。

格罗茨·贝克特的遭遇让很多企业开始反思，究竟是什么样的力量，让格罗茨·贝克特活了下来。事实说明，格罗茨·贝克特的缝纫机针的确是世界一流的。仅仅几年之后，格罗茨·贝克特就恢复到了战前的规模和水平，并成为将产品卖向全球的国际企业。格罗茨·贝克特就是这样一家企业，将产品聚焦，把质量提升到连敌对方都需要的程度，能够持续创新，创造更加可靠的产品，并拥有"别人看得懂，却未必学得会"的自信。正如前面汽车案例一样，你可以把车拆掉，然后重新组装，但你未必能学到一线技术人员日积月累形成的经验。

聚焦还会给企业带来强烈的危机感，企业会因为聚焦而活得更久。一旦所在行业有任何风吹草动，关注产品聚焦的企业都会在第一时间做出反应。当所有的鸡蛋都被放在一个篮子里时，企业自然比别人更加紧张。以格罗茨·贝克特为例，危机感会让它每一秒钟都去思考全世界的纺织工业在接下来会如何发展，纺织厂需要什么样的针，什么样的面料会更受欢迎，企业新研发的纺针是否与面料适合？毫无疑问，像格罗茨·贝克特这样的企业会更有危机感。一旦明确了产品聚焦的战略，企业就不会贸然做多元化投资。

当然，多元化投资也是一种战略。多元化投资做得好，企业扩张就会很快。但是多元化投资一旦做不好，也会给企业带来巨

02 德国日本隐形冠军到底强在哪里？

大的损失。所以，企业要时刻保持高度专注，与其定义市场，不如定义业务。

启示 14

成功的企业和企业家不会去定义市场，而是首先定义业务，把目光聚焦在特定市场和细分领域、特定的行业、特定的环节，哪怕是一颗螺丝钉，也要做到极致，做到最好。

赫尔曼·西蒙教授在他的《隐形冠军》一书中经常提到一个词语——利基市场（niche market）。利基是一个来源于法语的宗教词汇。法国人建造房屋时会在墙上凿出一个神龛供放神像，神像与墙壁之间总会有缝隙，所以利基市场翻译成中文就是缝隙市场。在英语中，利基还有悬崖上的石缝的意思，用刀子撬开一条小小的缝隙，供人们向上攀登。所以，专注利基市场的企业就是一个针对某个特定目标市场，或者针对一个细分市场，或者重点经营一种产品和服务，在缝隙中求生存，开创道路的企业。

德国有一家专门制作玩具绳索的隐形冠军爱德瑞德（Edelrid），它拥有160年的历史，美国白宫草坪里悬挂的玩具绳索就是这家企业生产的。尽管在玩具绳索领域取得了巨大成功，但这家企业一开始却是制作矿井提绳的。后来，矿井改用电机之后，企业没有生意了，开始谋求转型。转做玩具绳索之后，这家企业迅速占据了这个行业的领先位置。当年，玩具绳索的全球市场销售额大约在5400万欧元，而这家企业就占据了70%左右的市场份额。几乎每一家儿童游乐园的玩具绳索设备，都是这家企业的产品。一家拥有160年历史的企业，父子两代人苦心经营，总共只有42名员工，却占据了全球70%的市场销售额，这和企业的产品聚焦战略是分不开的。

启示15

高度专注于缝隙市场，这就是隐形冠军的生存和发展之道。

作为一家隐形冠军，仅仅聚焦是不够的，还必须注重持续创新。如果企业身处竞争激烈的行业，有时候甚至不得不跳过技术变迁的天堑，才能完成转型。

不同的企业面临的技术环境和社会环境是不一样的。好比一家酿酒企业，它的基本原材料和核心技术都不会有太大变化。但是大量的隐形冠军，尤其是化工行业和机械行业类，它们的技术需要不断迭代、发展和创新。尤其是当革命性的变化到来时，它们所面临的技术创新甚至是颠覆性的。同样是切割钢板，按照以前的技术，往往会采用机械方法进行切割，而现在，对于一些有高精度要求的客户，则会采用激光切割完成任务。尽管它们达到的效果一样，但所使用的技术却有本质的不同。

02 德国日本隐形冠军到底强在哪里？

案例3

德国 E·G·O 集团

提到电磁炉，很多人可能都会想到美的、苏泊尔、九阳等品牌。有一款电磁炉和电陶炉品牌：恩微。这是一个并不为大众所熟知的品牌。如果注意观察，会发现恩微电磁炉采用了源自德国的 E·G·O 炉芯技术。恩微电磁炉的目的很明确，意在告诉消费者电磁炉采用了德国 E·G·O 炉芯发光发热，这是品质的保证。鲜有人知的是，德国 E·G·O 集团作为全球领先的家用电器供应商之一，已经占据了世界上发热电子元器件领域的冠军位置。包括 E·G·O 温控开关、E·G·O 热保护器、E·G·O 炉盘等，世界上有一半以上的人在用电气或天然气烹饪时都使用了 E·G·O 的技术或产品。

虽然在发光热元器件领域取得了巨大成就，但德国 E·G·O 集团的产品却始终处于不断迭代进程中。从 90 年前公司创始人 Karl Fischer 研发第一台量产电炉开始，到使用电阻丝裸露在外面的电陶炉，再到现在各种功能的电磁炉和电陶炉，德国 E·G·O 集团一直处于领先地位。

日本隐形冠军在"聚焦主业，持续改善"上做得也十分到位，深入骨髓；同时具有强大的核心价值观；国际化做得同样出色。

> **案例**

永不松动的螺母，Hard Lock 工业株式会社

2016 年 7 月，我们带着"工匠精神与精细化管理"企业研修班赴日本学习，去了大阪的一个工厂，感受日本的隐形冠军。这家工厂的名字叫 Hard Lock 工业公司，从外表上看，这是一家很普通的工厂，只有 70 多名员工，他们是做什么的？这家工厂生产的唯一产品是螺母。它的螺母被卖到全日本、全世界，不仅日本的新干线、欧洲的高铁、澳洲的铁路系统、韩国高铁，就连我们中国的高铁都在用它的螺母。为什么都用它的呢？因为它的螺母叫"永不松动的螺母"。

一家企业只生产一种产品？

永不松动的螺母？

全世界都在用它的螺母？

是什么样的人做的？

带着这样的好奇，我们在这家公司的会议室里迎来了公司的创始人若林克彦老先生。

这位胖胖的个子不高的老先生出生于 1933 年 6 月，到 2016 年 9 月份就 83 岁了，当我们致辞表示敬意时，说："您 83 岁了还工作在公司的一线，值得我们晚辈学习！"

老先生很有意思，马上说："不，我今年 82 岁！"实际离他整 83 岁只差两个多月。

02 德国日本隐形冠军到底强在哪里？

若林克彦老先生花了两个小时给我们讲他与螺母的一生缘。

他从 1960 年开始做螺母，生产 U 型螺母，创业第四年才扭亏为盈，U 型螺母一直做了 15 年。尽管螺母质量很好，也广为市场所接受，但是螺母并不能经受得住所有强烈的冲击和振动。尤其是用在凿岩机或打桩机上时，在持续强烈的冲击下，螺母也会渐渐发生松动。

若林克彦先生下定决心，要研制一种不论在什么情况下永不松动的螺母。为了研制新螺母，若林克彦先生破釜沉舟，决心把 U 型螺母转让出去，并且只收取销售额 3% 的专利使用费，这样的决定让他的合作伙伴、他的家人都惊得目瞪口呆。

经过艰苦的研发、市场推广，以及 3 年的亏损，新型的 HL 螺母被日本 JR 新干线采用，终于打开了市场，以后经过不断完善，使之走向世界，直到我们参访时已有 41 年。

本来参观车间是不允许拍照的，若林克彦先生与我们交流得非常愉快，破例允许我们在样品实验和生产车间拍照。我们观看了螺丝的振动试验，HL 螺母在高速振动的机器上，3 分钟振动 1750 次，结果毫不松动，只要松动一下就是不合格产品。

一个小小的螺母就能看出一个人的精神。

若林克彦先生 83 岁，每天早上 8：00 到晚上 9：00 在公司上班，我们对此都很惊异，问他的助理："社长每天这么长时间上班，都在做什么呢？"他助理说："每天社长都可忙啦，与各部门研究工作、研究市场、改进产品、研究销售。"

我们问老先生为什么这么勤奋地工作？

他说："自己做的东西卖到市场上是最高兴的事，哪怕不赚钱也是高兴的。最根本的是自己的产品得到社会的承认，支持着自己一直做下去。利他主义，也是松下幸之助提倡的理念，我也是这样，如何把苦转变为快乐？为他人着想，最终会回报给你的。"

朴素的语言，映射出老先生强大的价值观。听着老先生的介绍，看着老先生那么全情地投入，在座的每一位学习者都感到一种震撼！而在若林克彦先生身上散发出的一辈子干好一件事，追求无止境完美的精神，令大家感到了一些惭愧。

创新要求人们具有创造性的思维方式和习惯性的创新意识，包括产品创新和技术创新，颠覆性创新和改进性创新等。

首先，一般企业和隐形冠军对新技术的研发投入比是不一样的。根据赫尔曼·西蒙教授的数据统计，一般企业的研发投入比平均约占销售额的1.8%，而隐形冠军的研发投入比往往在3.5%～6%，最高可以达到10%。这是一个很了不起的投入，因为很多企业的净利润都不一定能够达到10%。

其次，是人均专利数。在赫尔曼·西蒙教授《隐形冠军》一书中，这个数字是1∶5，即隐形冠军的专利数是其他一般企业专利数的5倍。大企业人均专利数只有6个，而隐形冠军能够达到人均30个。创新成果转化为经济效益的比例则达到了惊人的1∶25。从这个角度讲，隐形冠军里几乎所有员工都在创新。

德国日本隐形冠军到底强在哪里？

启示 16

　　企业如果有志成为隐形冠军，在做决定之前不要为自己设限，要习惯性地想一想有没有新方法、新路径开展技术创新、产品创新、管理创新。相比于颠覆式创新，隐形冠军更加注重改进性创新。如果颠覆式创新是从"0"到"1"的突破，那么改进性创新就是从"1"到"100"的持续改善。

　　美国人在研究日本经济崛起的原因之后，得出一个重要结论，日本经济腾飞的终极秘密就在于改善。改善是一种哲学思维，永无止境。改善是一种微创新，没有最好，只有更好。这一次改善的终点就是下一次改善的起点，改善让企业或者产品永远处于螺旋式不断上升的良性循环过程中。

二、打破常规思维，实现国际化运营

　　隐形冠军长寿基因背后的第二个核心战略特征就是创造国际化精品，打破常规思维，实现国际化运营。全球化是隐形冠军非常重要的增长动力，相比大多数国际化企业，隐形冠军的全球化之路往往进行得很隐秘。在搭建全球销售网络方面，隐形冠军保持了长久的持续性，有时候甚至要经过几代人几十年的努力。

　　第一，隐形冠军聚焦与战略相匹配的产品，往往会在细分化的领域里选择一些小产品。

将小产品卖到大世界是众多隐形冠军的不懈追求。相比将产品卖到同一个地区的不同行业，很显然，将产品卖到不同地区的同一行业会更加简单。欧洲各国不同于中国幅员辽阔，就像神圣罗马帝国邦国众多，如果产品只卖到几个城镇，市场十分有限。可是如果把产品卖到全国、全欧洲或者全世界，那么市场则完全不同。

以福莱希为例，福莱希的主打产品只是一根宠物狗牵引绳，如果只在当地售卖，注定是一个很小的国内市场或者地区市场。可是福莱希实现国际化之后，目前拥有8个系列共154款产品，并远销全世界91个国家和地区，从本地市场到国际市场，需求量与业务量的增长可以想象。

第二，隐形冠军往往采取日拱一卒，缓慢而持续的国际化进程。

大多数隐形冠军都经历了缓慢而持续的国际化进程。以主打高压清洁设备的卡赫（凯驰）集团为例，卡赫集团同样经历了漫长的国际化进程。1962年，凯驰在法国建立第一家海外分公司，然后又在奥地利和瑞士分别设立分公司，而这几个国家也是众多德国企业设立分公司的首选。从地缘上讲，法国、奥地利和瑞士位于德国周围，而且语言相通，文化相近。此后，凯驰的国际化程度不断深化。1975年凯驰在巴西设厂，之后十年又相继在北美、非洲和澳大利亚等地建立了16家分销公司。2008年，凯驰在全球41个国家拥有分公司，在近200个国家设立了40000个服务

德国日本隐形冠军到底强在哪里？

中心，企业 85% 的营业额都来自国外。2018 年，Karcher 中国将品牌中文名"德国凯驰"更名为"德国卡赫"，2020 年，卡赫集团全球销售额达到 27.5 亿欧元，创造历史新高。

如果是国内的快消品企业，比如一家生产方便面的企业，也许并不需要国际化就能轻松实现 200 亿元人民币的销售额，因为中国本身的市场足够大。但隐形冠军不行，它们必须要走国际化进程。

第三，隐形冠军在打开海外市场时，多采用以我为主，自建分公司的方式进行扩张。

去海外建立分公司，并不是一件容易的事。在中国，一家山东的企业到新疆去设立分公司都要面临不小的挑战，更何况要到海外设立分公司。但是在海外设立分公司的意义就在于企业能够真正了解当地的市场，并对当地的市场产生足够的控制力。仍然以山东和新疆为例，山东的企业通过中介把产品运到新疆，由新疆当地的企业经营，山东的生产商可能根本不知道产品被卖给了谁，也不清楚产品的定价，更不知道客户对产品的反馈。这种情况就会导致山东的生产商对新疆销售商产生依赖，新疆的渠道多卖一点，山东的企业就多赚一点，主动权并不掌握在生产商手中。生产商如果自建分公司，就要对当地的市场有更大的承诺，必须专心为市场服务，才能更大程度赢得当地市场的信赖。

国际化带来的第一个好处就是分散风险。以煤炭机械行业为例，2018 年，德国位于北威州鲁尔区的哈尼尔煤矿正式关闭，这也是德国国内最后一座煤矿关闭。这对于依赖煤炭行业生存的上游煤炭机械行业来说是一个灭顶之灾，尤其是只做德国市场的煤炭机械企业。但是一些具有先见之明、早早转移经营重心的企业却得以存活。成立于1951年的德国沙尔夫集团公司在采矿、隧道施工和其他行业享有良好的声誉。起初，沙尔夫主要生产往矿井里运送矿工的缆车，2000年该公司德国的销售额占总销售额的20%左右。到2010年前后，这个数字已经缩小到了2%，而它40%的销售额已经转移到了中国和俄罗斯。事实也如数据所显示的那样，中国成为它最重要的客户后，沙尔夫把在中国的分公司设在了传统重工业城市——徐州。一个连煤炭都已经挖完的国家，还能拥有在煤炭机械领域保持强大的企业，这就是隐形冠军实现国际化运营带来的好处。当企业遭遇区域性的危机时，隐形冠军企业不仅能活下来，而且还可以经营得很好。

国际化带来的第二个好处是企业可以更早发现行业危机。当一个企业将触角伸到全世界的时候，就会更早地发现行业性甚至系统性的危机和风险。2020年年初，新冠肺炎疫情突袭而至，在湖北武汉和江苏太仓等地拥有子公司的德国企业第一时间了解到了疫情的扩展。2020年3月份前后，欧洲一些国家及美国等并没有把疫情当回事，但当武汉和太仓的几家德国分公司把情况汇报给德国总公司，并要求总公司想办法制定对策之后，德国的很多企业都迅速做出了反应，避免了更大的损失。

国际化带来的第三个好处就是企业更容易发现新的市场机

02 德国日本隐形冠军到底强在哪里？

遇。赫尔曼·西蒙教授在《隐形冠军》一书中提到过一家生产管风琴的公司。

管风琴历史悠久，在诸多乐器中构造最复杂，体积最庞大，造价最昂贵。管风琴主要应用于教堂或歌剧院等大型建筑中，比如德国科隆大教堂、意大利米兰大教堂等，而且往往是跟建筑物同时建造，因为大多数管风琴会直接依附在建筑结构上。一架管风琴往往有几层楼高，发出的声音在几百米之外都能被听见。管风琴音域宽广，弹奏装置状如钢琴，一般拥有好几层键盘，而且还有脚踏键盘，发声的铝管更是长达十几米。根据德国管风琴专业联合会统计，在德国，目前大约有5万架管风琴，制造管风琴的企业有400多家，从业人员接近3000人，每年生产大约100架管风琴。随着德国本土管风琴市场的饱和，管风琴生产厂家的工作主要集中在售后服务及老琴的后期维护和修缮等方面。

一些较早贯彻国际化的企业将德国管风琴打造成了出口畅销品，产品遍及亚洲、大洋洲及南美洲，尤其是近年来主打国外市场的克莱斯（Klais）管风琴，迅速感知到了亚洲市场大型歌剧院对管风琴的需求，尤其是新兴的中国市场。2004年，国家大剧院花费2300万元人民币购买了一架克莱斯管风琴，仅安装就用了14个月。2009年，武汉琴台音乐厅安装了一架拥有4756根音管的克莱斯管风琴，号称中国第二大管风琴。除了中国，德国克莱斯管风琴在韩国、新加坡等国家也有着广阔的市场。

克莱斯（Klais）公司成立于1883年，是一家集制造、安装和修缮管风琴为一体的公司，虽然经过了100多年四代人的发展，但这家公司始终将员工人数控制在65人不变，每年承接的工程数量也仅在四五个左右。

克莱斯公司的办公场所是一栋建于1896年的祖屋，这里既是制造管风琴的车间，也是公司领导人菲利普和家人的住所。在克莱斯公司院内的墙壁上，从新学徒到老工程师，65位员工的照片被整齐排列。克莱斯公司没有营销岗，只有木工、木工助理、金工、金工助理等岗位。当一位木工退休了，木工助理就会升为木工，然后再招聘一位木工助理。这些员工大多是当地员工，雇佣关系极其稳定。

让我们再看看日本隐形冠军国际化业务的拓展。

（一）那些你以为没落的企业，其实活得更好了

日本的家电品牌，如松下、索尼、东芝、夏普，在战后崛起成为全球第一梯队，但到了2000年以后又受到全球经济冲击，不断萎靡。很多我们耳熟能详的公司退出了中国市场，或是把家电业务卖给了中国企业。但是，日本企业在不断转型升级，国际化的步伐从没有收缩。

以松下为例，它已经不是一家家电公司。松下2018年的营收目标是10兆日元，相当于6000亿元人民币，而这6000亿元人民币当中只有20%是来自家电业务。其主要业务除了一小部分家电以外，占主体的业务形态是：环境解决方案，互联互通解决

德国日本隐形冠军到底强在哪里？

方案、汽车、消费电子 B2B 业务。以前松下有数码相机这个产品，在全球市场容量最大的时候是 1 年 1.5 亿台的销量，但现在这个业务转向了 B 端——智能手机上面。现在全世界智能手机中用到的数码相机的摄像头和软件，其主要供应商就是松下。这是多大规模的业务？人手一台的智能手机，目前市场容量约 15 亿台，未来可能会发展到 20 亿台、30 亿台的全球规模。与此同时，松下还给苹果和三星做供应商。

在大家记忆中，索尼是一家家电企业，其实现在的索尼是一家金融公司，也是一家电影公司。目前已经没有电视机业务的索尼，除了保留了一点消费电子的业务，还有很多网络服务、金融、电影、游戏、音乐等非常多元化的业务。金融业务中最主体的业务是汽车保险，而索尼的利润主要贡献者则是来自金融保险。这让我们想起在 20 世纪 80 年代的美国通用电气，它早期也是以家电为主，后来业务涉及发动机、金融、医疗器械等领域。

从这些例子来看，企业追求持续性发展是一个永远的命题，在某一个业务循环运营的同时，还要能做到适时转型和持续发展。

（二）大企业的"小部门"，也可以做成隐形冠军

松下是著名的国际化大公司，但是松下的电脑业务却没什么名气。可是这并不妨碍松下的手提电脑在某些细分领域是全球第一。什么领域？军用领域。美国军队、消防队、警察等就是这款电脑的用户。即使在沙漠里，在特殊环境中，在五六十度的

气温下，松下电脑也能正常工作。在这样的领域，松下在全球的市场占有率高达40%。所以松下不"隐形"，但是这个业务是很"隐形"的。

商业上常讲"兰彻斯特法则"，讲的是小公司怎么战胜大企业，核心思想是：如果小公司跟大企业做相同的产品，在相同的地方来进行相同的销售，小公司一定是输给大企业的。那么小公司就要思考大企业也有弱点，要找它的弱点进行攻克。

松下就很好地利用了这一战略：松下的手提电脑不到大卖场里面去卖，不对所有人销售，而是找一个非常细分的、没有人关注的领域，不断把目标客户缩小范围，找到一个自己能取胜的、没有被别人关注的目标客户群体，来对他们进行服务。

"如果在这个细分领域我能做到第一，接下来我就在关联的领域拓展第二个机会、第三个机会。"松下手提电脑先攻美国军方，美国军方被攻下来以后，接着去找美国消防队，找到美国消防队以后，再去找美国的警察。这就是专业化经营，其实就是兰彻斯特法则的战略运用。

启示17

大企业也可以在某一细分领域或某一细分市场做成隐形冠军，在某一个大行业的细分领域拥有自己特殊的核心技术。松下是一个大企业，但实际上它有非常多的小业务，这些小业务里也隐藏着很多隐形冠军。

三、家族式治理，让企业基业长青

隐形冠军长寿基因背后的第三个核心战略特征就是家族式治理。

（一）大约三分之二的德国隐形冠军是家族企业

家族企业最大的好处就是长期投入、全局思考。这一点，集中体现在CEO的平均任职年限上。隐形冠军的CEO平均任期是21年，而大型企业CEO的平均任期只有6年。很大一部分德国隐形冠军拒绝上市，一方面是担心迫于股东压力CEO任期缩短，另一方面隐形冠军也不愿意对外公布过多的企业信息。

案例1

失败的柯达与成功的阿莱摄影机公司

赫尔曼·西蒙教授曾经长期担任柯达欧洲分公司的董事，他亲历了当时的柯达公司是如何一步一步在数码相机时代中落伍的。1975年，柯达公司的工程师赛尚发明了世界上第一台数码相机。在之后的几年里，柯达公司的实验室诞生了1000多项关于数码相机的专利。1989年，柯达推出第一台商品化数码相机。

尽管如此，柯达并没有及时转型。一方面，柯达在胶片相机领域的成功太辉煌了。遥遥领先的胶片相机技术让柯达公司不愿意做出改变。另一方面，作为一家典型的美国上市公司，柯达公司也不出意外地采取了职业经理人制。上市公司的 CEO 任期通常为 5 年，即使连任也不过 10 年，所以职业经理人首先考虑的是自己任期内的业绩和利润。但是从胶片相机到数码相机的过渡可能会需要几十年的时间，一旦把握不好时机，数码相机的市场没有及时培养起来，就有可能给公司带来极大损失。如果数码相机产品开始得太晚，就失去了进入市场的先机。职业经理人首先要考虑的是业绩好看，所以无论是数码相机还是胶片相机，首先要保证利润。继任者上台之后，也会思考同样的问题。如果在任期内冒着亏损的危险，花费了大量的人力、财力和物力去培育数码相机市场，却让继任者受益，有些得不偿失。正是因为每一任 CEO 都站在自己的角度上考虑问题，只关注自己任期内的业绩和利润，才导致公司难以执行长远的发展和战略规划，让柯达公司丧失了转型数码相机的机会。

家族企业则与此形成鲜明对比。和柯达主做相机和摄影机业务略有不同，德国的阿莱摄影机公司更加专注于专业影片器材制造。在阿莱的 100 多年的历史中，胶片机一直是当仁不让的主角，但是进入数字时代后，阿莱公司的规模却比过去更大了。30 多年来，大多数好莱坞大片都是使用阿莱的胶片机拍摄的。到了 2019 年，《复仇者联盟 4》却是使用阿莱的数码摄影机 Alexa 拍摄完成的。

阿莱公司 1917 年成立于德国慕尼黑，在相当长的时期内，以生产照相机为主要业务。20 世纪末，当整个行业都处于胶片相

02 德国日本隐形冠军到底强在哪里？

机时代，大家已经达成共识，未来一定是数码相机的时代。20世纪90年代中期，阿莱公司开始研究数码相机，主攻数码存储设备。2005年，阿莱推出了第一部数码式电影摄影机Arriflex D-20。到2009年前后，阿莱公司下定决心，砍掉胶片机，把业务专注在数码机领域。在将近一年的时间里，阿莱公司甚至连一台数码摄像机都没卖出去。在企业面临转型的关键时刻，作为家族企业，阿莱的领头人站了出来，号召大家支持公司向数码产品转型。结果证明，阿莱公司的转型是成功的。

现在的德国阿莱集团不仅是一家全球化的公司，还是世界上最大的专业影片器材制造商。几乎在每一部世界级大片背后，都有阿莱集团的影子。

启示18

当面临风险、面临难关、面临转型时，家族企业的眼光更加长远，而且由于体量较小，改变也会更加容易。正如赫尔曼·西蒙所说，"一支1000人的队伍要掉头，比10万人的队伍要容易些。"另外，家族企业领导人的危机感和责任感会更强。优秀的职业经理人可能拥有良好的营销能力，能够把企业的短期业绩拉高，但家族企业的领导人却有着更长远的目光，拥有带领企业一往无前走下去的决心和勇气。

案例 2

德国富乐（Föhl）集团的故事

成立于 1958 年的德国富乐（Föhl）集团是一家有几十年经验的德国先进压铸技术的引领者，公司的领导者是全球 CEO 弗兰克（Frank Kirkorowicz）先生和亚太区主席兼中国区 CEO 齐汉（Jochen Kirkorowicz）先生。兄弟两人也是富乐家族企业的第三代执印者。2005 年 9 月，富乐压铸（太仓）有限公司成立，齐汉先生来到中国，执掌富乐压铸（太仓）有限公司。

2020 年 2 月份前后，由于新冠肺炎疫情影响，工人无法上班，但是公司仍然有很多订单需要交付。这时，富乐压铸（太仓）有限公司的中国区总裁齐汉先生亲自上阵，把前台、保安、仓库管理人员等进行简单的训练之后，全部充实到工作一线，自己也和一线工人一起工作在流水线上。这种和企业共患难的精神极大地鼓舞了公司员工。作为一家成功的家族企业，作为一支团队凝聚力空前强大、员工离职率只有 0.6% 的队伍，企业经营者知道自己是在为一家什么样的企业奋斗，员工知道自己跟随着一位什么样的企业家在奋斗。

（二）日本家族企业数量世界第一

日本是拥有百年企业最多的国家。日本商业研究机构发布的数据，超过 150 年的家族企业有 21666 家。这些企业历经战乱、朝代更迭，在千百年来的大风大浪中屹立不倒，值得好好研究和学习。

02 德国日本隐形冠军到底强在哪里？

案例 3

传承近 400 年的橘仓酒业

十余年前，在日本大学研究生院终身正教授李克博士牵线下，我们"CEO 国际流动课堂"的学员们有幸结识了已经从日本通产省副大臣退休，转任日本大学研究生院教授的井出亚夫先生，他还是时任日本中小企业协会的会长。

井出亚夫先生得知我们要参访家族长寿企业，就安排我们去风景秀美的长野县佐久市，参观由他的家族经营的清酒企业"橘仓酒业"。

到了佐久市，井出先生先带我们参观了他家的祖屋，一处有雅致院落的大宅。经过李克教授的介绍，我们才知道井出家族是如此的优秀，且对中国非常的友好。100 多年前，井出先生的先辈就资助过孙中山先生的反清革命，至今祖屋里仍高挂着先辈与孙先生的合影。井出亚夫的父亲也曾在田中角荣时代任内阁高官。井出亚夫的大哥井出一太郎出任过内阁官房长官；一个哥哥井出正一出任过厚生省大臣、日中友好协会副会长；还有一个哥哥井出源四郎任千叶大学校长、中日友好医院日本援建组负责人；另一个哥哥是著名词作家井出博正，国人广为熟悉的《北国之春》就是他作词的。井出亚夫更是中日友好的使者，他在政府任职期间访问过中国 40 多次，促成了很多合作项目。

专精特新：向德国日本隐形冠军学什么？

这么一个显赫的家族，我们以为家族的清酒厂一定是有相当的规模。结果到了酒厂以后，我们发现酒厂规模并不大，只有30多人，但是井井有条。给我们讲解的是一个憨憨的小伙子，他是这个酒厂的第二十代继承人，是井出亚夫大哥的儿子。他给我们演示并讲解了清酒完整的生产过程，告诉我们他们的家族酒厂已经有380年的历史。

井出先生请我们品尝了酒厂的各类美酒，给我们讲了家族企业历经的各种艰难困境，特别是20世纪20年代末期大萧条时代，井山家族向银行贷了很多款项，才使得酒厂坚持了下来。

我们的学员有些不解，问井出先生：井出家族这么显赫，不能借些光吗？不能改做更赚钱的生意吗？比如房地产。井出先生说：日本家族企业是长子继承制，现在掌管企业经营的就是他大哥的儿子，不管遇到什么困难，只能让他凭自己的本事经营好企业，是不可能搞歪门邪道的。而且这是祖上传下来的企业，好好经营下去，做出最好喝的清酒，就是对先人最好的告慰。

学员们的内心受到强烈的震撼，大家不由自主地把厂门口陈列室的所有清酒都买光了，并邮寄回国内，这也是表示对井出先生的尊敬吧。

启示 19

相比于做大做强，隐形冠军首先要活着。当同行业其他企业都已经不存在了，隐形冠军还能健康地活着，这就是成功。而企

02 德国日本隐形冠军到底强在哪里？

业要想健康地活着，一是要选准方向，专注做自己擅长的领域，坚持不懈并持续创新，增强自己的核心能力；二是要走国际化经营路线，分散风险；三是要实现家族式治理，眼光要长远，要有与企业共存亡的决心。

2.3 隐形冠军领导者的五大特质

一家成功的隐形冠军背后一定有一个成功的领导者和管理者，除却领导者个性的层面，隐形冠军领导者也表现出了诸多共性，其中大多具有以下五大特质。

（一）打造个人与企业的命运共同体，实现企业、领导者与员工共赢

在企业的发展过程中，大多数企业领导者都会和企业融为一体。一个优秀的企业家，身处自己与企业、员工的命运共同体之中，领导者的格局和视野尤为重要。在很多优秀的企业领导者眼里，生活就是工作，工作就是生活。员工可能需要一份养家糊口的工作，但企业家经营的却是自己毕生的事业和理想。菲尼克斯电气前 CEO 克劳斯·艾塞特曾说："工作就是我的生活，休假 2 周，简直就是对我的惩罚。"

02 德国日本隐形冠军到底强在哪里？

启示 20

在隐形冠军家看来，金钱并不是他们工作的主要动力，因为很多企业家可能赚的钱足够多，当金钱不再成为工作动力的时候，企业家的动力就来自对企业愿景的认同感和工作带来的愉悦感。

华为作为企业标杆，就有着这种独特的气质。截至 2021 年 4 月，任正非作为华为公司的创始人，在公司所占的股份仍然只有 1.4%。他的女儿孟晚舟曾说："华为成立之初，没有任何东西可以依靠，只有依靠员工，因此设计了这种股权结构，并且得到了深圳市政府的批准。"

（二）专心致志，才能追求极致

英特尔公司创始人安迪·格罗夫曾经说过："只有偏执狂才能成功。"管理学大师彼得·德鲁克也说过类似的话："只有那些一心一意的人，或者说是专注一事的偏执狂，才能成就伟业。"

启示 21

人的精力是有限的，如果兴趣经常发生转移，很难集中精力把手头的事情做到最好。只有专心、专注、专业，把事情做到最好，做到极致，做到"让大象跳舞"，做到专家级别，才有可能获得成功。

（三）要拥有勇敢无畏的冒险精神

现在常讲，不忘初心，方得始终。冒险不是蛮干，只要有一点点希望，我们就要坚持，这就是初心。

案例

敢于冒险的药妆品牌 SANA

日本药妆品牌 SANA 是一家化妆品企业，公司的豆乳系列连续多年霸占护肤界销售排行榜第一名。最初，SANA 公司的主营业务是做豆腐。企业传到第三代接班人手里时，负责人开始思考企业的发展问题，既然豆腐对人体好处多多，如果用在皮肤保养上，是不是也会有很多好处。而且卖化妆品要比卖豆腐的利润更大。1946 年，公司决定创立医药研发部门，在卖豆腐的同时，拨出资金进行化妆品研发。公司前后用时 25 年，终于研发出了豆乳系列化妆品。SANA 公司成功实现转型。如果企业家没有勇敢无畏、自强不息的精神，没有坚持下来的勇气，SANA 公司的豆乳系列化妆品根本不可能研发成功。

启示 22

每一位创业者，每一位企业家，没有谁的创业过程是一帆风顺的。在坎坷中爬行，在困难中负重前行，拥有勇敢无畏的冒险精神，这是企业家最重要的特质。

（四）坚持长期主义，树立具有使命感的目标

一家企业，如果目标清晰，使命伟大，就会给企业和员工带来源源不断的动力。许多隐形冠军家身上，似乎有着取之不尽、用之不竭的活力和精力，他们就像是一团熊熊燃烧的烈火，直到六十岁、七十岁甚至八十岁还在燃烧。因为他们比普通人更明白，成功之路没有秘诀和捷径，只有源源不断的尝试和坚持。

启示 23

所有的隐形冠军都不是靠某一个产品的创新就能成功的。赫尔曼·西蒙教授在分析了 1000 多家隐形冠军之后得出这样的结论：世界上根本不存在一夜致富的秘诀。

尽管如此，隐形冠军仍是有规律可循的。在赫尔曼·西蒙教授隐形冠军理论的指导下，在强大的导师团队的加持下，通过实战型的学习方法，通过团体方案和个体专案相结合的学习模式，按照行业进行分组，或者每一家企业单独定制学习方案，从本质上获得提升。别人需要走 50 年、60 年，可能我们通过学习就可以在 20 年或者 10 年，甚至 10 年之内达成通往隐形冠军之路，这都是值得的。

（五）有一个有强大感召力的领导者

赫尔曼·西蒙教授把隐形冠军的特质归纳为两点，也称为两大支柱。第一个是专注，第二个是企业或公司的国际化程度。"一带一路"的伟大倡议，为许多中国企业打开了一条国际化的通道，让众多的企业拥有了成为真正国际化的隐形冠军的可能。

所以，隐形冠军代表的是企业的一种精神和灵魂，不仅企业或公司当前的领导者要领导好整个企业，未来的接班人也要把这些特质传承下来，使企业获得持久而长期的发展动力。

企业领导者必须能够激励员工，让员工发挥出最大的能力和自己一起完成使命。真正的感召力并不是喊口号，它是一种由内而外散发的与企业同命运、共呼吸的决心。

启示 24

领导者的气质决定企业的命运。作为企业的领导者，仅仅燃烧自己是远远不够的。企业领导者要用内心的熊熊火焰去点燃别人心中的激情与梦想。

2.4 隐形冠军的四大特征

隐形冠军的领导者具有典型的特质，隐形冠军本身也具有诸多共同特征。那些名不见经传却在某一个细小行业里做到顶峰的中小企业，如果没有一些传家本领，是不可能在强手如林的企业丛林中占据一席之地的。

（一）没有坚定的目标和雄心，一切都是空谈

隐形冠军的目标极为明确，就是要成为专业市场的领军企业，如果不能成为领军企业，至少也要处在第一集团的顶尖位置。俗话说，成功始于目标。一家企业在初创时期，一定要把目标设置好，如果目标不够明确，最好不要开始创业。

启示 25

一部分企业领导者的目标很明确，就是赚钱。一家企业赚到了钱，却没有目标，就容易迷失自己。企业家和老板的区别就在于目标。目标和愿景是企业家思维和行动的强大动力。

企业的愿景与目标要由企业家来制定、宣布并以身作则展示给众人。企业的目标必须足够理想化，富有挑战性，要有超越对手的勇气，同时又要务实。就像摘桃子，坐着或者站着就可以摘到的桃子不是目标，跳起来才够得着的桃子才是目标。这样的目标必须具有挑战性，足够理想化，同时又具有可操作性。

隐形冠军必须要超越对手，必须要让员工比别人跳得更高，这样的目标才能够激励和释放组织的能量。

（二）培养苛刻的"上帝"，客户才能为企业"服务"

人们常说，客户就是上帝。隐形冠军一定要紧贴客户、锁定客户，和客户成为命运共同体。实际上，客户不仅仅是"上帝"，企业和客户还应该是"亲人"，或者"不是亲人，胜似亲人"。这一点，对中国企业特别有借鉴意义。如果缺乏客户要求或者要求很低，企业是很难获得改善和成长的。

启示 26

一家具有远大理想和目标的企业，要学会培养苛刻的"上帝"，企业和客户之间要超越甲方与乙方的概念，要成为命运共同体，相辅相成，相互成就。

很多企业对客户投诉的认识存在一个误区。差评、抱怨或者投诉的确会影响产品的销量，但是换一个角度想，投诉也是一笔

02 德国日本隐形冠军到底强在哪里？

优质的企业财富。当客户把自己的用户体验、产品的不足讲出来，把企业的痛点指出来之后，企业就有了解决问题的方向和方式，这恰恰是投诉最有价值的地方。企业把客户当成"上帝"，客户也一定会回报企业。

很多时候，企业会为客户提供定制产品，在制作定制产品时会考虑很多因素，但排在前几位的始终是品质、成本和纳期。企业在考虑制作成本时，不仅要考虑企业自身的成本，同时也要考虑客户的成本。

2008年，我们去德国的一家培训公司参观学习。没有实地见过之前，大家以为这家拥有40多年历史的公司规模应该挺大。可真正了解之后才发现，这家公司只有父子两人管理，旗下只有五六名员工，客户也只有四家，而且客户之间也多是亲人关系，每年的订单都很固定。10年前，儿子接替父亲成为公司负责人。这种特殊的关系，包括祖辈和父辈在内，既有服务关系，又有亲情的存在，客户与企业之间完全相互信任，相互依赖，早已经超越了简单的甲方和乙方的关系。正是这种命运共同体的关系，决定了他们之间的紧密联系，当客户有任何问题找到企业时，企业都会全心全意地予以解决，甚至不惜投入资金和精力进行研发。

客户，尤其是头部客户，非常注重产品质量，对于价格的要求反在其次。但是仅仅为客户提供富有科技含量的优质产品是不够的，还要有完善的服务和系统的解决方案。所以，企业一定要和客户保持直线的、紧密的、热络的关系。这也是赫尔曼·西蒙教授创办赫尔曼·西蒙顾和管理咨询公司（Simon-Kucher& Partners，以下简称赫尔曼·西蒙顾和）并以不到500人的规模实现每年三四亿欧元销售额的原因。赫尔曼·西蒙教授和客户的关系很稳定，宝马公司每年向赫尔曼·西蒙顾和提供6000万欧元的咨询费，定价方面的问题都放心地交给赫尔曼·西蒙顾和。

世界上公认的日本国际竞争力最强的前三名高科技医疗器械产品中，第一名是计算机断层摄影系统（CT），第二名是内窥镜，第三名是注射器针头。日本有一家专注于医用注射器针头生产的企业——冈野工业株式会社（以下简称冈野），位于东京墨田区，员工只有5人。这家企业生产的针头看上去和普通针头并没有什么不同，但它的订单早就预订到几年之后了，而且它所有的订单都是来自阿联酋皇家医院或者特供给日本天皇夫妇等贵族人士。不明白其中原因的人会觉得奇怪。后来，人们才知道，这家企业模仿蚊子叮咬的机理而生产的无痛针头很受患者的青睐。

以上案例都有一个共同特点，这几家企业的市场销售能力普遍较弱，如德国那家培训公司，甚至没有销售，很多日本企业也是如此。

启示27

隐形冠军要和客户保持直线关系，培养超越甲方和乙方的关系。企业必须要注重产品质量，在把质量做到极致的基础上，还要为客户提供完善的服务方案和系统性的解决方案。隐形冠军要成为客户的左膀右臂或与客户成为生死相依的命运共同体，这种关系一旦形成，将无可替代。

赫尔曼·西蒙教授强调，隐形冠军一定要做直销。只有进口商、出口商全是自己，没有中间环节直接对接，才能做到对市场的完全把控。隐形冠军的一个好的产品至少应在几十个国家设有直接销售点。国内的市场足够大，销售压力相对较小，正是基于这个原因，中国的企业在拓展海外市场领域上仍然大有可为。

（三）与卓越者同行，做优秀者的伙伴

企业家的眼光和格局同样重要。日本有一家隐形冠军——电装株式会社（DENSO），是目前世界上第二大汽车零部件企业，包括汽车空调设备、电控产品、散热器、火花塞等，一共有21种产品排名世界第一。严格讲，作为一家已经进入世界500强的企业，电装株式会社是一家已经"毕业"的隐形冠军。

作为提供汽车前沿技术、系统及部件的顶级全球供应商之一，电装株式会社的客户都是经过筛选的，如丰田、奔驰、宝马、奥迪、斯柯达等汽车品牌。电装株式会社大约一半的收入来自丰田，几乎解决了丰田全部的汽车零部件供应，形成了一整套问题产业化解决方案。

启示 28

把产品卖给全世界最优秀的客户，与卓越的优秀者同行，做优秀者的伙伴，这是隐形冠军在选择客户时需要思考的问题。

（四）独特的文化认同才能培养高效的员工

企业的凝聚力最终要靠企业文化来实现。独特的企业文化是企业提升凝聚力的一大法宝。

企业在招聘员工时，有必要把企业文化讲给应聘者听。一家企业想要留住人才，薪资待遇是一方面，员工对企业文化的认同更加重要。企业文化一定要具有正能量，每一家企业的创业者一定是企业文化的创始人。只有物质和精神相结合，形成独特的企业文化，才能培养高效的员工。

启示 29

隐形冠军最重要的经验是拥有雄心勃勃的目标。从企业内部来讲，企业拥有同呼吸、共命运的员工，强调依靠企业内部的力量和企业文化来持续不断地创新；从企业外部来讲，企业非常贴近客户，产品质量和服务能够最大限度满足客户的需求。

03
CHAPTER

中国隐形冠军的孵化升级

· 发现中国的隐形冠军
· 中国隐形冠军从 1.0 版到 4.0 版的进阶之路
· 中国隐形冠军为什么比德国日本少？

德国隐形冠军数量约占全球总数的一半，接近中国的 20 倍。中国后发经济体的阶段性特征和庞大的人口数量，使中国的隐形冠军大多聚焦中低端市场，但也有越来越多的企业开始立足高端市场，甚至成为行业内的全球领导者。

"他山之石，可以攻玉。"中国经济为什么要从高速发展转变为高质量发展？中国为什么要从制造大国转变为制造强国？中国企业为什么要提升研发能力，掌握核心技术？中国制造应该向德国制造学习什么？中国隐形冠军应该向德国隐形冠军学习什么？中国隐形冠军如何孵化升级，实现崛起之路？这些都是摆在中国企业面前的问题。

03

中国隐形冠军的孵化升级

3.1

发现中国的隐形冠军

这些年我们观察研究了中国隐形冠军发展的演化路径，发现了一些规律。

从2003年开始，我们就在寻找中国的隐形冠军，关于"中国的隐形冠军在哪里"，当时没有人知道。我们在若干领域调研后，总结撰写了相关材料。2006年左右，我们精选了一批企业案例出版了一本书叫《专注——解读中国隐形冠军企业》，其中很多隐形冠军首次出现在大众读者面前，比如东莞做收音机的广州德胜电器科技有限公司、三一重工股份有限公司（以下简称三一重工）、浙江做建筑用硅酮胶的杭州之江有机硅化工有限公司、杭州飞鹰船艇有限公司（以下简称飞鹰船艇）等。下面，重点讲一讲飞鹰船艇这家企业。

> **案例**

飞鹰船艇，主导了全球的赛艇市场

飞鹰船艇是一家地地道道的浙江乡镇企业，从事专业赛艇制作，乍一看他们的官方网站，会以为是一家外国公司。在这一领域，每年全球的专业赛艇需求量也就几千条，飞鹰船艇也是由于偶然的机会进入这一"赛道"，可谓是歪打正着。

1985年，38岁的熊樟友辞去了富阳造船厂的工作，下海创业，专门生产赛艇。1986年，在"全国优秀选手冠军赛"的决赛中，熊樟友的木质赛艇成为唯一一条获奖的国产赛艇。1989年，熊樟友一个人承接了亚运会的61条赛艇制作，占赛艇总数的60%。

尽管在国内有了一定的名气，但在国际上，熊樟友生产的赛艇并不被人们看好。1994年，熊樟友和他的工人们参加世界赛艇展览会。在展会现场，国际赛联器材委员会主席、德国人克劳斯直言不讳地指出："你们的赛艇质量太差了，没人敢用！只会简单模仿，只能跟在其他企业背后，用别人过时的技术。"

其实克劳斯还有另外一个身份，曾是赛艇运动员出身的克劳斯还是一位世界顶级赛艇设计制造大师，他一直有个心愿——在发展中国家扶持一两家世界级的造艇厂。因为这次"不打不相识"，很快，熊樟友便聘请克劳斯成为自己造艇厂的技术顾问。克劳斯为企业注入了先进的技术和管理理念，德国人的严谨认真也深深感染了厂子里的每一位员工。

很快,飞鹰船艇在赛艇生产领域脱颖而出,从1996年的全国赛艇锦标赛到1998年的德国科隆世界赛艇冠军赛,再到2004年的雅典奥运会,飞鹰船艇一步一步成长为全球最大的赛艇生产企业。在北京奥运会、伦敦奥运会和东京奥运会,飞鹰船艇都是中国、德国、美国等多个国家赛艇队的供应商。

赛艇是一项极限体育运动,成绩细分到百分之一秒,赛艇的质量就显得尤为重要。一条专业级的赛艇价格可以高达30多万元,相当于一辆家用轿车的价格。如今,飞鹰船艇的年产量达到3000条、22个品种,生产的豪华游艇出口销量国内领先,每年可以达到几千条,飞鹰船艇每年的销售额可以达到几十亿元到上百亿元。

几十年来,飞鹰船艇始终聚焦赛艇这个细分市场,通过人才引进和技术创新主导了全球的赛艇市场,飞鹰船艇走出了一条属于自己的"中国隐形冠军之路"。而像飞鹰船艇一样在自己的领域里深耕并成为隐形冠军的企业还有很多。

3.2 中国隐形冠军从 1.0 版到 4.0 版的进阶之路

改革开放 40 多年来，中国经济飞速发展，无数中国中小企业在吸收隐形冠军理论的基础上结合本土市场，探索出了一条具有中国特色的隐形冠军发展之路。中国隐形冠军所处的环境与德国隐形冠军多有不同。中国隐形冠军的进阶之路并非朝夕之间，而是经历了一个漫长的过程。

中国经济发展得益于一内一外两大重要引擎：对外，是"中国制造"遍布全球；对内，是中国的城镇化进程。一方面，中国作为世界工厂将商品出口到全世界；另一方面，城镇化进程实现了国内消费大循环，促进中国经济几十年的高速发展。凭借着巨大的人口规模、生产能力和消费需求，中国成为全世界独一无二的存在，既是全世界最大的生产基地，又是全球最大的消费市场。

一、中国隐形冠军 1.0 时代

1992 年初，改革开放的春风吹遍神州大地。一大批企业抓住

03 中国隐形冠军的孵化升级

机会,在20世纪90年代后期依靠低成本制造优势成为出口导向的隐形冠军。我们通过中国国际海运集装箱(集团)股份有限公司(以下简称中集集团)和格兰仕的发展可以一探这一阶段中国隐形冠军的崛起之路。

案例1

小渔村诞生的一家集装箱巨头

1979年7月2日,深圳蛇口打响"改革开放第一炮"。1980年,在这个小渔村诞生了一家集装箱小厂,它就是未来的中集集团。

集装箱业务主要包括集装箱的生产和运输两个方面,得益于中国经济的快速发展,中国进出口集装箱需求量急剧增长,深圳作为进出口货物的新集散地,为中集集团的快速发展提供了条件。1990年前后,当时全世界60%的集装箱由韩国制造。1991年,在中集集团工作了10年的麦伯良出任总经理,两年后中集集团改组为股份制上市公司,依靠着廉价的人力资源优势和出色的成本控制,中集集团异军突起并不断收购韩国破产的集装箱企业,尤其是亚洲金融危机期间,中集集团收购了大量韩国企业。1996年,中集集团集装箱产销首次达到世界第一的水平。

案例 2

格兰仕微波炉的奇迹

在制造业领域，格兰仕是依靠低成本制造优势成长为隐形冠军的典型案例。20 世纪 90 年代的珠三角充满了生机和活力，但即使是珠江两岸，发展趋势也多有不同。珠江东岸紧邻深圳、东莞，再往南则是香港，受益于地缘优势，一大批外向型工厂得到飞速发展；珠江西岸的顺德、佛山和中山等地发展则要相对滞后。在这种背景下，格兰仕抓住这一优势开始进入微波炉市场。

格兰仕的发展历程大体可以分为三个阶段。第一个阶段是从 1978 年到 1992 年，格兰仕实现了从羽绒服到微波炉的转型。1978 年，广东顺德人梁庆德带领着十多个人在一片荒滩上创办了一家羽绒制品厂，生产羽绒服等羽绒制品，主要做外贸出口业务。1992 年，公司更名为广东格兰仕企业（集团）有限公司，转型进入家电行业，并购入 20 世纪 90 年代最先进的微波炉自动化生产设备，聘请微波炉高级工程师，开始生产微波炉。

第二阶段从 1993 年到 1997 年，格兰仕实现从微波炉入门者到全国冠军的突破。1993 年年产微波炉 1 万台，1995 年格兰仕成为行业的领导者，位居市场第一位；1996 年和 1997 年，格兰仕持续打响价格战，让微波炉成为平价产品，进入千家万户，产销量逼近 200 万台，市场占有率接近一半，荣获"中国微波炉第一品牌"称号。

第三阶段从 1998 年至今，格兰仕实现了从国内微波炉第一到全球微波炉领导者的突破。1998 年，格兰仕进军欧美市场，抢下欧美市场 20% 的市场份额，这一年，格兰仕取代韩国微波炉成为全球微波炉第一品牌，成为当时中国家电行业的唯一一个世界冠军。

20 世纪 90 年代的珠三角，土地成本和人力成本极低，平均工资水平仅相当于欧洲工人的 1/40，而且工人全部"三班倒"，一年 365 天不停产，格兰仕通过产品补偿的方式以极低代价获取了全套微波炉二手生产线，只用极少的研发和营销投入就实现了微波炉的生产。人力成本低、技术持续进步、规模不断扩大，这些都使生产成本逐渐降低，创造了格兰仕微波炉的奇迹。

二、中国隐形冠军 2.0 时代

2001 年前后，中国最大的一批隐形冠军诞生。"大内需"催生"大产业"，得益于中国的城市化进程，进口替代型企业抓住了国内市场爆发式增长的机会，迎来快速发展。

这个过程中涌现的典型代表企业有三一重工、金风科技和珠江钢琴集团等。中华人民共和国成立之初，从中国国内工程机械贫乏，到牢牢坐稳国内工程机械行业第一把交椅，再到跻身国际工程机械行业第一梯队，伴随着改革开放的进程，三一重工也踏上了属于它的崛起之路。作为国内最早的一批风力发电设备制造企业，金风科技曾经连续十年国内风电市场占有率排名第一，拥有风机制造、风电服务、风电场投资开发三大主营业务的金风科技市值超 700 亿元，已然成为全球排名前三的风机供应商。珠江钢琴集团的前身是成立于 1956 年的广州钢琴厂，经过 60 年的发展，其间历经改制、调整、充实、提高，到 2001 年，珠江钢琴集团超过日本雅马哈，一举成为全球钢琴产销规模世界第一的企业。

案例

三一重工，工程机械行业的龙头

三一重工是国内混凝土机械领域的开创者，它的崛起之路正好伴随着中国改革开放的历史进程，它的发展过程很有代表意义。20 世纪 90 年代，国内混凝土机械市场还是国外产品的天下，当时，混凝土泵车的核心技术都掌握在"世界泵王"——德国普茨迈斯特有限公司（简下简称普茨迈斯特）手里。但随着房地产成为中国的支柱产业，中国基础设施建设市场快速发展，三一重工迅速制定了进入混凝土机械市场的战略，从研发第一台混凝土泵车到三一重工上市，只用了 6 年的时间。2004 年，三一重工混凝土机械产品市场营业额高达 20 亿元，占据了国内混凝土机械市场总容量的 40%，三一重工慢慢成为国人眼中的"中国泵王"。

中国发展最迅速的时候，水泥消耗量约占全球的 60%，而三一重工则占据了国内40%的市场，三一重工和与它旗鼓相当的中联重科股份有限公司（以下简称中联重科）加起来占据了全国80%和全球四分之一的水泥市场。从2004年到2008年，得益于中国基建市场的爆发式增长，三一重工不断发展，而普茨迈斯特却因为金融危机的缘故，加上在中国市场受到三一重工和中联重科等国产品牌的冲击，发展一度陷入停滞。

随着品牌影响力持续增强，三一重工开始在更多工程机械领域发力，如起重机、挖掘机等，与混凝土机一起形成品牌合力。与此同时，普茨迈斯特从创立以来一直专注于混凝土机械领域，随着竞争加剧，普茨迈斯特的优势不再。此消彼长之下，不仅行业龙头第一的位置易主，一场后来者居上的戏码正在上演，2012年4月，三一重工完成了对普茨迈斯特的收购。收购普茨迈斯特，有助于三一重工做强产业链，降低生产成本，形成优势互补，开拓国际市场，提升国际影响力。

有人说，拿下了中国市场，就等于拿下了全世界。这句话虽然有些夸张，但一定程度上反映了中国市场对企业发展的重要性。

三、中国隐形冠军 3.0 时代

随着中国经济的飞速发展，越来越多的国产品牌开始引领中国高品质主流生活方式，高价格源于高品质，国产品牌走出了一条属于自己的高端化之路。

案例

高端厨房电器的领导者

在厨房电器,尤其是油烟机领域,卖得最贵的并不是传统的外资品牌,而是国产品牌——方太。

1995年,茅忠群从上海交通大学电力电子技术专业硕士毕业,回到浙江慈溪老家。当时,他的父亲茅理翔创办的飞翔集团已经将点火枪做到了世界出口量第一,不过因为技术含量低、竞争激烈,飞翔集团也面临着自己的发展困境。

茅忠群看到了父亲的企业所处的困境,他不想接父亲的班,而是要创业,进入更广阔的家电领域。而当时的家电市场都是松下、西门子等外来品牌的天下。"要么不做,要做就做高端品牌!"茅忠群立志要做高端精品。

几经调研,茅忠群选择创造由中国人自主设计、符合中国人烹饪习惯的油烟机。油烟机是家庭必需品,当时的年产能仅有300万台,而国内市场需求却达到600万台。而且市场上的油烟机,要么是价格昂贵的国外品牌,要么是仿造的国产低端品牌,这两种油烟机都不符合中国家庭的传统烹饪习惯,而且油烟机存在"滴油、漏油、不美观、噪声大、吸力不强、拆洗不便"等诸多问题。

中国的烹饪习惯和外国多有不同,由于中国食物烹饪方式的多样性,往往会产生大量油烟,如果油烟机的吸力不够,效果就会很不理想。意识到这些问题之后,1996年,第一台完全自主知识产权的方太油烟机诞生了。

方太，有"方便太太"之意。1997年，方太Q型"厨后"深型吸油烟机年销量超40万台，方太树立了自己在中国高端厨电行业的地位。1998年，"炒菜有方太，抽油烟更要有方太"的广告语深入人心。先进的吸油烟技术，免拆洗自清洁功能，以及耐磨耐用等优点，让方太油烟机多项指标稳居行业第一，并拥有高端市场30%以上的占有率。

深耕油烟机领域多年，方太斩获了多项行业第一的荣誉。2010年前后，茅忠群发现洗碗成了当下年轻人最头疼的问题。而当时洗碗机市场也迎来了和当年油烟机市场同样的问题，国外的洗碗机并不适合中国家庭。

国外的洗碗机由于很大一部分用于单栋住宅和别墅，而且外国人有周末聚会的习惯，所以外资品牌的洗碗机往往比较大，橱柜要比中国的高几厘米，而且侧开门、洗碗时间长及安装麻烦等问题始终困扰着国内消费者。方太的策略是减小洗碗机的尺寸，将厨房里传统的两个水槽中的一个变成洗碗机。经过5年时间的研发，方太推出了集洗碗机、水槽、果蔬净化器三合一的水槽洗碗机。2018年，方太在水槽洗碗机市场的占有率超过50%。

当中国市场发展到一定程度，用户自然会产生独特的需求。这时，高品质就超越价格成为用户的首选因素。梳理方太油烟机的成长之路不难发现，高端战略成为企业在中国隐形冠军3.0时代成功的首要法则。坚持油烟机这一核心主业不动摇，坚持

"不上市、不打价格战、不欺骗"的三不原则,为实现"打造中国家电行业第一个高端品牌"的梦想而奋斗,方太希望在2030年前后成为一家千亿元级企业。正如方太集团董事长兼总裁茅忠群所说:"方太的发展历程表明,只要专业、专心、专注最擅长的领域,坚持品牌化、高端化、精品化,就一定会获得来自市场和消费者的回报。"

四、中国隐形冠军 4.0 时代

从 2010 年开始,中国隐形冠军进入 4.0 时代,即成为市场与技术双重驱动创新的全球领导企业。不但要做中国最强的企业,而且要做全球最强的企业,一步领先,步步领先。近年来,随着科技创新,中国涌现出了一批表现出色的企业。

案例 1

在全球民用无人机企业中排名第一,大疆科技

2006 年,尚在香港科技大学攻读硕士学位的汪滔创办了深圳市大疆创新科技有限公司。早在上学时,汪滔的硕士毕业论文题目就是"直升机自主悬停技术",攻克了这一难题之后,汪滔决定将其应用在民用市场的航拍领域,并成功实现了将相机与飞机一体化的研发设计。

中国隐形冠军的孵化升级

2012年，大疆精灵Phantom 1横空出世，瞬间引爆无人机领域。大疆无人机走上了高速发展的快车道，以消费级无人机起家，逐渐扩展应用领域。目前，大疆科技在无人机领域占据了国内超70%、全球超80%的市场份额，在全球民用无人机企业中排名第一，大疆科技用自己的实力牢牢捍卫着无人机市场的领导者地位。

案例2

电池使用量连续四年位列全球第一，宁德时代

2011年12月，脱胎于新能源科技有限公司的宁德时代新能源科技股份有限公司（以下简称宁德时代）成立。创始人曾毓群有过为苹果公司生产电池的经历，很快和华晨宝马汽车有限公司达成协议，为其提供锂离子动力电池。宁德时代顺利打通与车企合作的渠道，先后为宇通客车、比亚迪新能源汽车、丰田汽车等国内外车企提供动力电池，并成为特斯拉在中国唯一的电池供应商。

从成立到登顶动力电池行业出货量榜首，宁德时代只用了5年的时间。根据宁德时代发布的2020年业绩报告，宁德时代2020年实现营业收入503.19亿元，电池使用量连续4年位列全球第一，在国内动力电池装机总量中占据50%的市场份额。

回顾中国隐形冠军的崛起之路，首先聚焦中低端市场，通过低成本建立竞争优势，建立在行业中的领军地位；然后，从依靠出口导向型企业转型为进口替代型企业，依托中国这个全球最大的市场迅速成长。随着中国经济的发展和消费者的觉醒，中国隐形冠军立足高端市场，不断加大研发，攻克技术障碍，打开中国市场。一路走来，中国众多的隐形冠军已经成为市场与技术双重驱动的全球领导企业，和德国、美国及日本的众多隐形冠军相比丝毫不落下风。在成为低端市场的领军企业之后，迈向高端的中国隐形冠军已经越来越多。中国隐形冠军的未来值得期待。

3.3 中国隐形冠军为什么比德国日本少？

过去二三十年的时间里，赫尔曼·西蒙教授收集了全世界隐形冠军的数据，德国拥有1307家，数量位居全球第一，接近全球总数的一半；美国拥有366家，位居第二；日本拥有220家，位居第三；而中国仅有68家。

有人做过统计，世界500强企业的平均寿命是69年，德国隐形冠军的寿命是66年，而中国隐形冠军的平均寿命只有30年。德国的中小企业平均寿命是23年，发达国家的中小企业的平均寿命是10年，中国的中小企业平均寿命大多在3～5年。

为什么中国隐形冠军比德国、日本少，企业寿命也低？原因是多方面的，但主要有以下几点。

一、历史背景不同，市场容量不同

欧洲的土地面积与中国国土面积相近，却拥有近50个国家和地区。历史上，欧洲长期处于动荡状态，而中国长期处于平稳的状态。1648年，欧洲各国签署了《威斯特伐利亚和约》，以法律的形式将德意志分裂为大大小小314个邦国。直到100多年前，德国的土地上仍然拥有上百个邦国，各个国家之间进行贸易往来都要相互征收关税。在这种背景下，企业要想存活下来并实现长久发展，必须要走国际化路线，而且产品的附加值，也就是利润必须要高于关税。

19世纪40年代，英国和法国完成了第一次工业革命，经济蓬勃发展。而德国才刚刚踏上从农业社会向工业革命转变的道路。1871年，统一的德意志帝国宣告成立，作为欧洲大陆上的"后进生"，错过了第一次工业革命的德国不想再错过第二次工业革命。然而试图掌控德国经济的英国却不允许德国快速发展。正如德国经济学家弗里德里希·李斯特说的："当一个人已登上了高峰，就会把他使用过的梯子一脚踢开，免得别人跟着爬上来！"

已经完成了整个工业体系的英国人谴责德国肆意延长工人劳动时间，过度压榨工人的剩余价值。然而在当时的德国，工人们真正的抱怨是害怕自己没有饭吃，没有班上，怕自己的饭碗不牢靠，怕自己所在的工厂、企业倒闭。正是靠着劳动强度，德国完成了早期的工业体系积累。

为了尽快追上其他国家的发展，德国人选择了一条自认为的"捷径"——仿造。当时，英国和法国最先开启工业革命，他们的产品经久耐用，是工艺和技术的代名词。德国缺乏技术和人才，为了生存和发展并和英、法、意等国争夺市场，德国人采取了仿造英、法、意著名品牌的做法，依靠廉价产品打开销路。为了弄清英国产品究竟有什么魔力，一大批德国人亲自前往英国，去学习英国先进的产品制造技术和经验。

后来，发生了著名的英国谢菲尔德刀具状告德国山寨刀具的事情。谢菲尔德人生产的刀具畅销欧洲，却被德国仿制品搞得不堪其扰。德国人仿造的产品虽然在品质上较差，但外观几乎一模一样，而且价格低廉。

1887年8月23日，英国议会通过《商标法》修改条款，要求进口的德国商品必须标注"德国制造"字样。一时间，德国制造（Made in Germany）成了假冒伪劣、拙劣产品的代名词。

痛定思痛，德国人决定大力发展应用科学，并广泛兴建强制性技校，提高工人的工作技能，深厚的科学基础加上国家层面的觉醒，让德国人在几十年的时间内走上了一条质量立国之路，彻底打了一场翻身仗，并在第二次工业革命中与美国一起引领了"内燃机和电气化"时代的到来。

正是从德国制造开始，慢慢地有了后来的日本制造和中国制造。从屈辱到崛起，德国制造走出了一条励志之路。从1851年到1900年，德国在重大科技革新和发明创造方面取得了200多项成果，超过英法两国总和，位居世界第二位。从1871年统一后的40多年时间里，德国的煤炭和钢铁产量跃居欧洲第一，化工产品总产量跃居世界首位；到1910年，德国的工业总量超越了所有欧洲国家。

专精特新：向德国日本隐形冠军学什么？

> **案例**

克虏伯集团，德国制造从屈辱到崛起之路

德国军工企业巨头蒂森克虏伯集团最初不过是一家小小的铁匠铺。当这家铁匠铺传到后来的克虏伯帝国奠基人阿尔弗雷德·克虏伯（Alfred Krupp）手里时，不过是三间茅草屋。

从14岁便开始全权掌管企业的阿尔弗雷德·克虏伯决定扩充生产，开始制造钢辊，先后发明生产了羹匙压制机、造币机械和无缝的钢火车轮毂。尽管在工业上获得了巨大发展，但德国产品并不为外界看好，克虏伯决定去英国看一看。于是，在英国的下午茶和经济巨头会议中，在新建的大本钟下，在绿草如茵的莱茵河畔，出现了一位见人就笑的德国绅士，他自称是一介草民，却总对钢铁制造的最新技术感兴趣，其话题和谈话对象的选择总与最新的炼钢技术有关。

克虏伯为了掌握先进的技术，长期混迹各大英国钢铁公司。为了隐藏身份，他每次都不提供真实的姓名，只说自己是德国乡下的穷铁匠。1862年和1869年，克虏伯先后将贝塞麦炼钢法和平炉炼钢法引入德国并开始生产枪炮。1870年，普法战争爆发，克虏伯枪炮显示出了优良的性能。

二、民族性格不同

提到德国，人们往往会想到严谨；提到日本，人们往往会想

到精细。这一点就像法国人的浪漫，意大利人的多情和西班牙人的奔放一样。关于德国人的严谨，在中国流传着众多的段子，比如德国人在街上丢了1元钱，会在丢失区域的100平方米内划出坐标和方格，然后一格一格地拿着放大镜去找。再比如，德国超市里的每个鸡蛋都有编号，一旦食品出现问题，可以追溯到哪个农场的哪只鸡。德国人的厨房号称是家庭版的实验室，准确、精密、程序化，温度计、量杯、滴管、天平、计时器等实验器材一应俱全。德国人的准时、对秩序可怕的执着也都处处体现着严谨。

"天下大事，必作于细。"提到日本，人们往往会赞叹日本人的精细化程度。生存发展的压力、内在文化的驱使，让起源于美国的精细化管理理论在日本发扬光大。

日本国土面积狭小，仅有37万平方千米，多为岛屿和山脉，耕地、资源和能源有限，人口压力巨大，在这片狭小的土地上却生活着1亿多人，而且因为人口老龄化问题严重，日本并没有享受到人口红利。严峻的现实让日本不可能走粗放型的发展道路，精细化管理成为唯一的选择。

因为岛国特殊的地理环境，日本人天生拥有一种危机感。因常年受地震、海啸等自然灾害影响，日本的楼房建造得异常坚固，抗震等级很高；由于资源有限，日本人就拼命在技术上下功夫；国内消费能力有限，就注重国际化，于是汽车行业涌现出丰田、本田等品牌，电器行业有索尼，摄影器材行业有尼康、佳能，化妆品领域有资生堂等国际品牌。

中国的国情、文化和德国与日本多有不同，中国的制造业在数量和规模上确实领先全球，但并不是世界第一的制造业强国。要实现发展的可持续性，中国制造业必须要经历由大到强的转变。

三、德国和日本的拜技主义传统

德国与日本从历史上都有拜技主义传统、工匠精神的底蕴和把产品品质注入自己灵魂的"一品入魂"的态度，在看似微不足道或者别人不屑一顾的领域里磨炼技术，一直做到全国或者世界第一。这是德国与日本等国家拥有众多隐形冠军的重要原因。相比于磨炼技术，一些中国企业可能更加看重短期利益，并把赚钱作为首要目标。在这种心态下，中国企业很难做到长期主义，产生隐形冠军的可能性就要小得多。

德国与日本有很多只有几十到上百名工人的中小企业可以为全球知名企业提供高技术含量和高质量的零部件或原材料。日本和德国等众多中小企业在创立之初都立志要以技术立身。他们的理念是立志于"炫技"，企业与企业之间更注重的是谁能够将技术从 99.9% 提高到 99.99% 甚至 99.999%。所以，一旦他们成为大企业的合作伙伴或进入大企业的供应商名录，彼此就会长久地合作下去。

案例 1

全世界最年长的米其林三星大厨"寿司之神"

日本东京有一家米其林三星餐厅，餐厅里只有 10 个座位，就是这样一家小店，不仅价格昂贵，顾客往往还需要提前一个月预订才能吃上，就是因为这里拥有寿司之神——小野二郎。小野二郎对技术的要求到了什么样的程度呢？在他店里的学徒，要先学会用手拧热毛巾，经过辛苦枯燥的训练之后，只有学会拧毛巾才能碰鱼，不过碰鱼之前要先学会用刀，10 年之后才学习煎蛋。为了做出最好吃的寿司，小野二郎会买最好的鱼、虾、米，而且严控醋与米的温度、腌鱼的时长以及研磨章鱼的力度。为了保护自己的双手，小野二郎不工作时永远戴着手套，甚至睡觉也不摘下。小野二郎的手可以精确地捏出为男女顾客制作不同寿司所用的米团，男顾客 270 克，女顾客 240 克，分毫不差。小野二郎曾经说过："一旦你决定好职业，你必须全心投入工作之中，你必须爱自己的工作，千万不要有怨言，你必须穷尽一生磨炼技能。"如今，这位将近百岁的老人，作为全世界最年长的米其林三星大厨，被人称为"寿司之神"和"寿司第一人"。

案例 2

落寞的英雄金笔与重生的万宝龙

2012年时,企业界有一件令人十分伤感的挂牌交易案,上海英雄集团挂牌出售上海英雄金笔厂的股份,多少钱呢?白菜价,250万元转让49%的股份,不抵当时上海市区一套房钱。

为什么这件事这么让人痛心呢?因为这英雄金笔可是中国几代人的记忆,是最伟大的民族品牌之一。

1931年,浙江奉化人周荆庭先生为了打破"中国人生产不了钢笔"的说法,以1.5万银元创办了英雄金笔厂,从创建一直到20世纪90年代,英雄钢笔形象无比辉煌。20世纪80年代,在蓝色深卡上衣口袋中插一支英雄钢笔,那是知识分子和干部的标志性打扮,让人羡慕得不得了。在当时,英雄钢笔是"奢侈品"的代名词,是赠送亲友的高档、时髦的礼物。

1997年香港回归,1999年澳门回归,首届APEC会议,中国加入世贸组织,都是用英雄钢笔签署完成的。

在鼎盛时期,英雄金笔在国内占有率接近70%,妥妥的"行业冠军",产品远销欧、美、东南亚等60多个国家和地区,总资产超过7亿元,职工3000多人。

现在还在使用英雄金笔的人少了很多,现在用的大多都是德国的万宝龙、施耐德、辉柏嘉、凌美,美国的派克,意大利的万特德,日本的百乐。

为什么会这样呢？

有人说是时代变化造成的，现在人们都用圆珠笔、中性笔了。但是为什么在同一时期国内派克笔销量增长了30%～50%，万宝龙大举占领中国市场。

我们"CEO国际流动课堂"曾带领企业家们去万宝龙参观，得知他们曾遇到同样的问题，但是德国人果断摒弃了低端市场，走高端化路线，以其特有的工匠精神把笔当作艺术品来生产、销售、经营，很快走出了困境。

启示30

利基市场的产品往往范围狭窄、市场规模不大、客户需求稳定。企业通过为客户提供独特而优质的产品和服务，逐渐成为细分领域占有率第一的企业。德国和日本的隐形冠军都有一个特点——普遍崇尚拜技主义，用极致的产品工艺和技术牢牢占领利基市场。

四、职业教育模式不同

如果企业需要的人才的训练时间不够、职业技术参差不齐，就很难保证产品的高质量。

（一）德国职业教育的启示

有一期"CEO国际流动课堂"，我们在德国访问了由一位华人才俊陈新华创立的华凌公司。他留学德国是学艺术的，毕业后却选择了自己创业，从事宝石切割，创建的华凌公司成为该领域的隐形冠军。陈新华结合自己的创业谈到了德国的职业教育，当他谈到在德国一个油漆工要训练3年时，所有在场的中国老板都大吃一惊。

员工的训练水平、教育水平，决定了产品质量的差距。

德国采用了双元制职业教育体系，是就业结构和教育结构相当协调和谐的国家，青年失业率在欧盟中是非常低的。

双元制是由国家和企业两个层面共同推动，具有两层含义：一是双元人才培养模式，即学术型人才和应用型人才齐头并进；二是指应用型人才和实践型人才需要由学校和企业共同培养。

习惯上，人们往往把应用型人才的培养模式称为"双元制"，也有人把双元制职业教育称为现代学徒制。青年人从学生过渡到工人要经历两个门槛：一是从普通学校教育到职业教育，二是从职业教育到就业。双元制教育内涵丰富，主要有职业培训、职业高中、职业专校、职业学校和应用科技大学等几种形式。双元制教育不局限于教室，不局限于理论灌输，上学即实习，缩短企业用人与学校育人的距离。德国的职业教育规模由德国政府确定，学校教育经费由公共财政支出，企业培训则由企业自行投入。完善的职业培训体系使青年顺利实现从学校到劳动市场的过渡，为造就高水准的技术工人提供了强有力的保障。

（二）日本职业教育的启示

日本有着世界最多的百年企业，之所以如此，与日本人的"工匠精神"是密不可分的。"工匠精神"的发扬传承，又为日本制造业提供了大批合格的人才。日本政府又加以大力引导"职人文化、匠人精神"，早在1950年，日本政府出台了《文化财产保护法》，授予"重要无形文化财产保持者"——各行业大师级匠人"人间国宝"的称号，给予政府巨额津贴奖励，防止其手艺流失。

由于历史传统与政府的倡导，长期以来，"职人"作为专精技术人员在日本备受尊敬，做一名"职人"也是很多日本孩子的梦想与选择的职业道路。成为"职人"的主要路径是进入专门的职业学校学习。所以，日本多年来有一半的应届初中生、高中生进入了各级别的职业学校。

明治维新以来，日本强调"技术立国"，逐步建立了完善的职业教育体系，从职业高中、专修学校到职业技术大学，从单一的技工培训到职业技术大学学士、硕士、博士，职业教育全方位覆盖。而且职业教育的就业率非常高，2020年日本高等专门学校就业率达到100%，短期大学的就业率为96.3%。所以，职业技术教育被誉为日本产业振兴、技术强国的法宝。

我国在职业教育发展上与德国、日本还有差距，2021年10月，中共中央办公厅、国务院办公厅印发了《关于推动现代职业教育高质量发展的意见》，明确提出：到2025年，职业本科教育招生规模不低于高等职业教育招生规模的10%。到2035年，职业教育整体水平进入世界前列，技能型社会基本形成。

依托各级政府的重视，各级职业培训体系正快速建立起来。随着国内越来越重视职业教育，相信上职业学校会是未来很多中国学生的选择。

随着中国大力扶持专精特新"小巨人"企业，职业教育一定会与普通高等教育一样受到社会的尊重，甚至是成为更稀缺的人才，为中国成为制造强国奠定坚实的人才基础。

随着经济全球化的进一步深化，中国制造业要想在新的国际分工体系下占据优势，完成产业结构升级，迈向制造强国，需要诞生更多小而精、专而新的隐形冠军。一方面，国家和政府要加大对中小企业扶持的力度，优化企业成长的营商环境，为企业的稳定健康成长扫清障碍；另一方面，企业应该高度重视保护知识产权，并树立"技术强企"的战略理念，抛弃一味追求盈利的传统发展理念，拓展专业领域的深度，确保在细分领域中占据行业领先地位，使中国制造实现"弯道超车"，尽早实现"中国制造"向"中国智造"的转变。

启示 31

从专精特新到隐形冠军，都需要大量的专业技术人员，尽管中国已经建成世界上规模最大的职业教育体系，但还需要向德国和日本学习，比如营造深厚的手工业文化基础，打通顺畅的职业发展和晋升路径，创新企业和学校的合作形式和培养模式等。

04
CHAPTER

专精特新"小巨人":中国中小企业的冠军之路

· 孵化隐形冠军的三大支柱
· 取势:分析趋势,聚焦有潜力的品类
· 明道:分析竞争,明确在品类中的定位
· 优术:分析内部,建设运营配套体系

改革开放以来，中国的民营企业得到了迅猛发展，中小企业更是犹如雨后春笋似的遍地开花。截至2021年年底，中国中小企业数量占据4842万户企业总数的99%以上，容纳了4亿左右的就业人数。"中小企业能不能做优做强"是摆在中小企业面前的重大课题。借鉴德国和日本隐形冠军的经验，做出中国中小企业自己的特色，是广大中小企业迅速发展的捷径。

为促进中小企业更高质量地发展，2011年7月，时任工信部党组成员、总工程师朱宏任在全国中小企业信息化推进工作会议上，首次提出"专精特新"这一概念，概括了具有"专业化、精细化、特色化、新颖化"的优秀中小企业特征，其中的佼佼者被称为"小巨人"。

2019年、2020年和2021年，工信部相继公布了三批共4922家国家专精特新"小巨人"企业名单。随着国家培育扶持政策的密集出台，专精特新"小巨人"企业的发展成为广大中小企业发展的风向标，也成为培育扶持优秀中小企业发展的国家战略。

4.1 孵化隐形冠军的三大支柱

大多数隐形冠军都是优秀的中小企业，通过不断奋斗，在国内外市场占有一席之地。中小企业不像大企业，产业遍布各国各行各业，中小企业必须要思考应该把精力聚焦在哪个行业。

哲学领域有一个"灵魂三问"："我是谁？我从哪里来？我要到哪里去？"

中小企业也应该思考类似的以下问题。

第一，企业究竟要致力于哪个行业或品类？

第二，在所选择的行业或品类中，企业依靠什么优势立足？

第三，如何实现、强化并保持企业在所选赛道上的优势？

隐形冠军首先要分析市场的未来趋势、明确战略定位，一旦找到自己的赛道优势和战略强点，就举企业之力进行强化，然后建设与优势定位相匹配的运营体系。

下面是我们"CEO 国际流动课堂"杰出学员的故事。

> **案例**

杨树仁，师从赫尔曼·西蒙教授，做成三家隐形冠军

2020年年初，新冠肺炎疫情给全球经济带来巨大冲击。疫情之下，很多中小型企业发展举步维艰。

但是在山东寿光市，有一家专精特新中小企业的业绩与疫情前相比反而稳中有进，并在内蒙古达拉特旗投资新建了钠基新能源材料基地；创业23年打造了3个隐形冠军。这就是卤水精细化工业的领军企业——山东默锐科技有限公司（以下简称默锐）。这家企业的创立者是杨树仁先生。

1992年，毕业于青岛科技大学的杨树仁被分配到了寿光市羊口镇的集体企业寿光卫东盐场，一到盐碱滩中的二溴醛车间，杨树仁"傻了眼了"，车间周围荒凉一片，孤零零地矗立着几栋破旧的厂房。

杨树仁参加的项目开工不久，由于种种原因，两年后停产了。

杨树仁回忆道："1995年底，怀着一份'盘活闲置资产、重启搁浅项目'的责任感，我郑重地向卫东盐场提出要承包经营二溴醛这个半废弃的车间。于是，卫东盐场精细化工厂由此诞生了，从此开启了我的创业之路。"

创业之初，默锐虽然占据得天独厚的区域资源优势，但是创业之路依然一波三折，艰辛坎坷。

从溴化物起步、氢溴酸试水，默锐几乎将所有的溴化物都上

马了，有些产品甚至反复上马和砍掉，不断试错，经历数次危机。

杨树仁总结前几年的发展，发现以溴素为"圆心"，只重视了横向发展，忽视了纵深发展；再加上国内溴素的成本存在先天性劣势，落实到产品上同行之间很容易复制，没有本质竞争力；上下游客户一旦延伸产业链，默锐就很容易失去市场份额。

杨树仁敏锐地意识到必须立足当地资源优势，发展纵向延伸的产业链项目，默锐未来的发展不能只局限于溴化物，必须另寻出路。

未来默锐走向何处？如何实现聚焦发展呢？企业在死亡线上挣扎，杨树仁感到迷茫、焦虑与苦恼。

2011年，杨树仁参加"CEO国际流动课堂"，走进在维也纳举办的"中东欧隐形冠军论坛"。在这个论坛上，他有幸结识了"隐形冠军之父"、国际管理大师赫尔曼·西蒙教授。杨树仁聆听了赫尔曼·西蒙教授的演讲，深受启发与震撼。从此，他开启了隐形冠军理念的学习、践行之路。

赫尔曼·西蒙教授具有超越国界的普世情怀，他特别喜欢中国，对中国非常友好，对中国企业也抱有一份希冀：他期待隐形冠军理念能够在中国经济土壤中落地生根，期待中国未来能够涌现出更多的隐形冠军。

为深入推广隐形冠军理念，杨树仁连续多年邀请赫尔曼·西蒙教授到中国亲授隐形冠军理念。2015年，赫尔曼·西蒙教授首次莅临默锐考察指导，其间充分肯定了隐形冠军理念在默锐的实践方案；2016 年赫尔曼·西蒙教授在山东潍坊做了"如何成为隐形冠军"的专题讲座，明确了默锐产品经营的全球化视野及公司创新与资本的转型思路。

按照隐形冠军的原则，经过综合考虑，杨树仁决定上马金属钠项目。经过一段时间的发展，默锐形成了完整的业务格局，具备了快速发展的潜力，公司规模、整体能力、业务素养进入了新阶段。

经历坎坷与失败，杨树仁更加笃信隐形冠军理念，决定坚定不移地走隐形冠军之路。

杨树仁意识到，中小企业需要在痛苦中做出正确抉择，找到"适合自己的活法"至关重要。因为中小型民营企业没有国企资源和跨国公司优势，前有"标杆"后有"追兵"，只能在夹缝中求生存。只有走"专精特新—隐形冠军"之路，才是立于不败之地的唯一正确选择。

为将隐形冠军理念通俗易懂地植入默锐，杨树仁力图用自然界最朴素的现象解释隐形冠军。

2012 年杨树仁来到肯尼亚，一望无垠的非洲草原上，杨树仁敏锐的目光投向了豹子。豹子以猎食中型动物为主，如羚羊。豹子最大的特点是敏捷、迅速，并且可以将食物叼到树上食用，避免遭到狮子、豺狗等动物的抢夺。豹子凭借这一特点，猎取中型食草动物，获得了肥美的食物，成为动物界的"隐形冠军"。

在去东南亚考察的过程中，杨树仁看到了一棵奇迹般长在房屋墙壁上的小榕树。榕树是世界上树冠最大的乔木，可独木成林。榕树围绕主树干，树冠覆盖面积达数十亩，树枝可长出黑色的根须直垂地下，当它扎入土中时，又成为树干，让人叹为观止，是植物界的"隐形冠军"。杨树仁感悟了榕树精神，进而产生了默锐的"榕树法"，以解决未来的发展问题。

"豹子道、榕树法"的精神感悟，开启了默锐隐形冠军的学习热潮。2012年，杨树仁组织默锐中高层领导集体学习了《隐形冠军：未来全球化的先锋》一书，遵循隐形冠军理念，2013年、2014年杨树仁与高管团队对默锐的发展战略进行了调整，制定了卤水新兴复合产业链的七年发展规划，并对公司产品大纲进行梳理，放弃了不符合隐形冠军理念的产品；同时，对符合隐形冠军理念的产品纵向深耕。

在项目决策方面，默锐结合前期引入的集成产品开发IPD流程，坚持产品开发"要么第一，要么唯一"的隐形冠军原则，以此支撑公司战略转型。

杨树仁与默锐团队认识到隐形冠军既是经营理念，又是商业模式。隐形冠军理念站在全球的高度，为中小型企业的生存和发展指明方向。

为了践行隐形冠军理念，杨树仁在默锐的创新、全球化、贴近客户、竞争优势、职业教育等方面均以隐形冠军理念为指导。经过几年的实践，他初步领略了隐形冠军的魅力，尝到了隐形冠军的甜头。

在隐形冠军理念应用方面，产品四溴双酚 A 成为最好的例子。四溴双酚 A 是默锐 1999 年改制后一次性投资最大的项目，产品质量达到国际水平，一度替代国外进口，市场占有率迅速提高，成为公司主要的拳头产品。

但是，基于隐形冠军理念的判断，杨树仁与默锐团队经过深刻反省与细致讨论决定：此产品受制于溴素资源，无论如何努力都不能将其打造成为隐形冠军产品。从战略选择的高度出发，本着只做第一、唯一的发展理念，杨树仁下决心忍痛割爱，在 2014 年年初，主动放弃了为公司创造巨大营收的四溴双酚 A，这也成为公司践行产品隐形冠军理念的最好实例。

一个好的经营模式，往往需要与之匹配的企业文化助力。

在长期的生产经营实践中，杨树仁凝聚全体同仁的智慧，总结、提炼出独具特色的隐形冠军文化理念，作为默锐企业文化的灵魂和行为准则。

自 2012 年开始，杨树仁开始运作"豹子榕树俱乐部"，其名字来源于公司内部学习的"豹子道、榕树法"精神。作为公司产品经营团队的互动组织，俱乐部旨在通过"豹子榕树创业心法"的交流、学习，提升产品运营质量，创新产品商业模式。

2017 年，杨树仁持续提升企业文化内涵，确立了"阳儒阴法和为道"的文化框架，形成了"卤源水韵、豹灵盟星、业教合一、幸福升级"的活法定位，意在通过默锐活法的刷新、迭代，重塑隐形冠军基因、固化隐形冠军理念，赋能企业持续健康发展。

因为杨树仁重视企业文化工作、重视隐形冠军的品质，产品与服务质量也相应得到提高。经过多年的努力，默锐成为山东省技术创新示范企业、全国企业文化建设示范基地、全国安全文化建设标杆企业、国家两化融合管理体系贯标试点企业、山东省上云标杆企业，并多次获得中国石油和化学工业"科技创新奖""绿色化工奖"，获得人力资源和社会保障部"全国石油和化学工业先进集体"荣誉称号。

2017年，杨树仁再次邀请赫尔曼·西蒙教授到寿光做"隐形冠军、历史传承，昂首'一带一路'、领先全球"的报告。

通过快速学习、领悟赫尔曼·西蒙教授的报告精髓，杨树仁提出了"隐形冠军、幸福默锐，融入全球一带一路、经营行业一链一树"的活法定位。

为将隐形冠军理念传播给更多的中小企业，杨树仁萌生了与赫尔曼·西蒙教授共同创办赫尔曼·西蒙商学院的想法，以践行、传播隐形冠军理念为己任，为众多中小企业提供借鉴。赫尔曼·西蒙教授组织了两次家庭会议，再三斟酌后欣然同意。

2018年，赫尔曼·西蒙教授第四次到访默锐，与杨树仁、林惠春教授、刘红松教授一起探讨了隐形冠军理念在中国的推广及双方共建赫尔曼·西蒙商学院相关事宜。随后，发起成立了全球唯一一家以赫尔曼·西蒙教授名字命名的商学院，定位以"锻造隐形冠军的商学院，成为商学院的隐形冠军"为愿景，专注于中小企业健康稳定持续发展。2021年5月10日，赫尔曼·西蒙商

专精特新：向德国日本隐形冠军学什么？

学院隐形冠军高级研修班第一期正式开课，赫尔曼·西蒙教授给第一期学员亲授第一课。

经过多年的学习与实践，杨树仁对专精特新与隐形冠军有了深刻的理解，他指出："从理念上来讲，专精特新可以理解成中国的隐形冠军，只不过隐形冠军比专精特新、专精特新"小巨人"的标准要高一些。专精特新实际就是隐形冠军理论在中国本土化的成果。"

杨树仁指出，我们既要向德日学习，又要结合实际，适应中国的环境，走中国特色之路。"在中国，很多企业抱有急于求成的心态，能否耐得住寂寞，几代人是否能够共同努力做成一个隐形冠军？这些都很难做到，这也是中小企业成为隐形冠军面临的挑战。"

近期，国家出台了一系列专精特新支持政策，杨树仁敏锐地意识到，未来的竞争将越来越多地发生在商业生态系统之间，而不再是单个企业之间。

杨树仁指出："同行不完全是竞争关系，合作效果远超单打独斗。任何一个企业靠单打独斗、单一产品独闯市场都难以生存。因此，隐形冠军在产业链中必须强链、延链、补链，将产业链变成生态链，最后形成隐形冠军产业集群。"

从产业集群方面来说，龙头企业能够辐射带动基础设施和周围环境的优化，如果在整个产业链中缺少"链主龙头"，就无法形成你中有我、我中有你的"繁星拱明月"般的产业生态，还有一些小企业和后来者加入，实现丛林共生。产业集群需要具有龙头拉动、以中为重、丛林共生的大中小企业组合，这对形成中小企业活法、当地政府招商及促进区域产业集群发展都具有巨大推动作用。

杨树仁坚信，打造"隐形冠军产业集群"主要是将"产业链"打造成"生态链"，只要做好行业聚焦、产品聚焦，完全可以发展成为隐形冠军产业集群。

秉承延链、强链、补链策略，默锐的隐形冠军产品数量和质量迈上新台阶，引领细分领域的市场地位。如果将默锐全产业链比喻成珍珠项链，代表产品的每个珍珠都是隐形冠军产品，整个链条串起来就是默锐的卤源水韵隐形冠军产业链。

默锐已经构筑起了良好的发展业态，正在联合上下游共同从经营企业走向经营行业，做成抱团取暖、错位发展的卤源水韵隐形冠军产业集群。

"自创业以来，默锐已经内部孵化出 3 个隐形冠军；未来，我将继续带领默锐人在卤水产业链上打造出更多的隐形冠军。"杨树仁憧憬，以后将全力配合运营好赫尔曼·西蒙商学院，希望越来越多有理想、有情怀的中小企业家能从赫尔曼·西蒙商学院中学习践行隐形冠军理念，共同发展进步，为促进中国经济高质量发展尽一份绵薄之力。

4.2 取势：分析趋势，聚焦有潜力的品类

企业有志成为隐形冠军，想要获得长足的发展，一定要善于取势：聚焦有潜力的品类，分析竞争对手，明确定位，再分析内部资源建设。简而言之，取势可以概括为以下三个方面。

第一，明确生意的本质是什么。市场上为什么会存在这个品类或者赛道，它满足了什么人什么样的需求？

第二，明确品类变化的趋势。所选品类的规模与结构最近发生了哪些变化，受政治、经济、社会、科技影响，这个品类未来有可能会发生什么样的变化？

第三，了解别人的故事。同一品类在更高阶市场或同一市场上的更成熟品类有什么可借鉴之处？观察世界上具有可比性的行业，或已经成熟的市场经历了什么，从而大致推断出行业的未来发展趋势。

案例 1

穿越巨头丛林，UIOT 超级智慧家如何突出重围？

1995 年，比尔·盖茨就曾在自己的图书《未来之路》中写道：在不远的未来，没有智能家居系统的住宅，会像不能上网的住宅一样不合潮流。

四年后，他花一亿美金建造起了一座大型的科技豪宅。这座豪宅科技感满满，比如地板会在 15 厘米内感知人的足迹，之后就会打开照明系统；圆顶私人图书馆的光线会随着天气变化进行调整；冰箱会记录食材存放时间，避免食物存放过久……

但令人遗憾的是，因为价格高、产品不稳定、研发投入大等各种因素，这样的智慧生活至今还没有完全普及。

但是，毫无疑问，这个行业拥有巨大的前景，它吸引了房地产商、家电企业、移动硬件等各行各业的涌入，包括华为、美的、小米等。然而，崭露头角的不是这些巨头们，而是一个叫 UIOT 超级智慧家的品牌，它是全屋智能领域唯一一家获得国家级专精特新"小巨人"的企业，目前已经占据了这个领域 20% 的市场份额。它是如何立足，并成功穿越巨头丛林的？

UIOT 超级智慧家创始人叶龙高中二年级就考上了北京大学物理系，那时他 15 岁。毕业后叶龙在紫光捷通做高速智能交通产品，产品在当时是行业第一。那是一个规模不大，主要是 2G（针对政府）的市场，技术壁垒不高，市场化程度不高。后来叶龙又从事过几个行业，规模都不大，最多几百亿元。他认为自己是有能力的，但是由于行业的限制，并没有把自己的能力发挥出来。

全屋智能大约是 3000 亿元的市场，如果加上全屋卫浴、厨电、家电市场是 2 万亿元，因为所有家电最后都会被接入物联网。

全屋智能之后，所有家电都会成套卖，因为只有产品融入到智能化系统中来，才更有竞争力和溢价空间，所以这是一个足够广阔的市场。

当叶龙接触到这一行业后，决心自己创业，把自己的能力发挥出来。他希望这次创业可以在一个更广阔的市场做到全球第一，这种成功不是名和利的成功，而是让更多人过上智慧美好的新生活，这样个人的价值才能最大化。

从 1999 年开始，他就一直在考察这个技术，并一直关注相关商机，直到 2009 年才开始创业，创办了 UIOT 超级智慧家，同时和 6 个高中同学以天使创始人团队一起注资，进入这个行业。

叶龙认为，家庭生活的科技含量已经远远落后于科技的发展了。在我们的生活中，还有非常多不方便的地方。比如，以前房子没有双控开关的时候，冬天还要从被窝里爬起来去关灯，但关灯之后又睡不着了。

2016 年，UIOT 超级智慧家首次提出"全屋智能"的概念，相比单个的智能硬件，它是包括软件和硬件的一整套解决方案，可以把整个屋子都连接起来，所有电器都会自动工作，知道什么时候应该打开，什么时候应该调节。

大多数的创业者普遍面临几个难题：研发周期长、资金门槛高、创新风险大。技术、资金、耐力，构成了竞争者进入智慧家居门槛的三座"大山"。

这十年来，有上万家智能家居企业倒掉了。

2016年，叶龙把企业搬到了上海，因为在郑州要想融资很难。2017年、2019年，企业相继拿到了红星美凯龙、保利集团的投资。他们都不是单纯的财务型投资，不仅能给钱，还能给订单，帮助企业更良性地发展。

这个行业最大的风险点在于资金和现金流，尤其是在互联网金融破灭等背景下，房地产行业处于下行期，UIOT超级智慧家也在一定程度上受到牵连。从2017年到2020年，UIOT超级智慧家连续亏损了4年，一直到2021年才开始盈利。

接着，叶龙把UIOT超级智慧家总部设在上海，把研发中心留在郑州。对于长周期研发而言，北上广深对于他们这样的创业企业来讲成本太高，200人的研发团队，在上海几乎养不起。正因为研发中心在郑州，UIOT超级智慧家的研发团队非常稳定。所以，对于长周期研发而言，研发团队的稳定性非常重要。

另一方面，研发人员在郑州的薪水并没有那么高，为了能够带领团队打胜仗，就要留住这些顶尖的研发人才。

如果企业天天打败仗，就留不住人，除非发很高的薪水。如果既没有高薪，又不能打胜仗，企业留不住人很正常。

那么多巨头都没有干成智慧家居，为什么UIOT超级智慧家能干成？他们打胜仗的秘诀是什么呢？

首先，大企业可能边走、边做、边看，它们求的是稳，做不成还留有后手，可以全身而退。大企业是以财务盈利为主要考核指标的，并不善于搞创新，创新就意味着冒险。

其次，创新最重要的是战略。大企业的老板没有太多时间做新产业的战略，大部分时间会聚焦于现有产品。

最后，大企业高管团队的技术背景和认知往往不适合全屋智能这个新技术、新模式，当有一个创新被提出来，所有高管都会说不要做。为什么？因为一旦做了，过去的经验就不值钱了。

而对于叶龙和他的团队，全屋智能是使命、是愿景。他们只有一条路，只能把所有的精力、资金都投入全屋智能上面，只能背水一战！

2020年以前，行业内的大企业都觉得UIOT超级智慧家的产品模式和销售模式错了。直到2021年，消费者的购买行为证明了它们的"全屋智能+线下体验与服务"是对的。

作为企业领头人，叶龙说："10年来，我没有怀疑过自己的方向，因为我在这次创业前已经装修过3次自己的家，我真的是消费者，所以我才能够真正理解消费者的真实需求。只有把自己置于消费者位置的时候，才会相信自己。**如果你怀疑你走的路，创业就不可能成功**。行业里有好多人都在怀疑自己，他们中途就换赛道了，所以这条道上走的人就越来越少。从创业的角度来说，大家越说我不对，我越高兴。当大家醒悟过来的时候，你已经落后我三五年了，我就有充足的时间领先了。"

固执和执着，最重要的区别就是看成功与否。创业本来就是赌，赌对了就是执着，赌错了就是固执。

庆幸的是，UIOT超级智慧家"赌对了"。由于对行业的深入了解，艰苦卓绝的持续努力，远见卓识的市场判断力，叶龙带领UIOT超级智慧家成为该领域唯一的国家级专精特新"小巨人"企业。

案例2
内心信念是最大的势

我们生活在一个高度不确定的世界，而商业市场的不确定性又远高于其他领域。企业在发展过程中会遇到无数苦难与挫折，在跌宕起伏的时代大潮和行业沉浮中，保持坚定的信念就成了一件无比重要的事情。

东莞市德生通用电器制造有限公司创始人梁伟是狂热的无线电爱好者，有人说他就是为收音机而生的人。他这一辈子有两大爱好，第一是收音机，第二是音乐与音响。

1957年，梁伟在海南省出生，在幼儿园的时候，从别人用矿石自制的收音机中收听节目，从此迷上了收音机。从小学四年级到初中一年级，他终于自己做成了一台矿石收音机。

梁伟开始慢慢叩开电子世界的大门。1971年科学出版社出版的《晶体管收音机》和1981年人民邮电出版社出版的《晶体管收音机中的新技术》两本书对梁伟影响至深。高中时期，梁伟的邻居——海口邮电局电报科长成了他的恩师，师傅给他提供了大量的元件和工具供他"折腾"。

1977年，梁伟参加高考，考进华南理工大学无线电系，成为电子学家、教育家冯秉铨教授的学生，同学中有后来创立了TCL公司的李东生，和成为创维集团董事局主席的黄宏生。

大学毕业后，梁伟换了几份工作，但都在电子领域。1994年，梁伟认定收音机将会成为他一生的工作和事业，这一年，他和几位同事一起创办了东莞市德生通用电器制造有限公司，集中全部智慧和能力，立志要做中国最好的收音机。后来，德生收音机成为国产收音机十大品牌之一，并占据了全球超过10%的市场份额。

按照取势的原则来看，收音机无疑是个夕阳行业，发展前景并不被人看好。但梁伟没有想那么多，他有一句名言："爱一行干一行和干一行爱一行，这两种人都能把事情干好，但前者能做到最好。"因为热爱，所以无悔。收音机在普通民众中的消费数量的确在下降，但是他们可以把收音机卖到更广泛的市场去，可以出口到其他国家，还可以卖到一些特殊地区，比如军队、监狱或者牧民手里。收音机行业整体在萎缩，随着众多企业退出，市场份额会向同类企业集中。

最近几年,梁伟迷上了音乐与音响。2015年以后,梁伟跟进了一个与收音机高度相关的行业,向Hi-Fi音响领域进军。说到就要做到,现在,德生的Hi-Fi产品已经有了数码音乐播放器、功放、音箱、草根耳机和蓝牙耳放等众多设备。梁伟说,只要世界上还有人需要收音机,他就会一直干下去。

案例3

赛道是可以自己创造出来的

与"夕阳行业"相对的是"拂晓行业"。进入一个赛道的最好时机就是在"拂晓时分",就像早上八九点钟的太阳,处于上升阶段,还没有攀到顶峰,进入太早或太晚都有可能失败。当然,并不是没有例外。

日本泡泡玉是一家位于日本福冈县北九州市的日用品公司。它的前身可以追溯到1910年日本松岗县北九州市名为森田范次郎商店的日用品杂货店。1949年小卖部成为法人公司——森田商店。1964年森田光德就任社长,开始销售合成洗涤剂。同时期森田光德患上了不明原因的湿疹病,他饱受这种病的困扰,浑身痒得厉害。1971年日本国有铁道发现合成洗涤剂容易导致火车车体生锈,便开始委托森田光德生产无添加肥皂。结果,这个偶然的契机竟然治好了森田光德的湿疹病。此后,森田光德下定决心,公司不再销售连自己都害怕、不敢使用的洗涤剂，而是致力于让人们用上真正天然、安全的洗护用品。1974年公司新增了无添加肥皂业务，泡泡玉肥皂诞生。

按照森田光德的预想，公司只要坚守5年，等来人们消费观念的转变，一定能够渡过难关。然而，森田光德这一等就是17年。20世纪70年代，全世界人们的环保意识都很薄弱，公司销售额从每月8000万日元一度降到78万日元，只有四个员工坚守，其中一个是老板，两个是亲戚，还有一个是刚刚毕业的大学生。直到1991年，公司设立了泡泡玉友会，并实行会员打折制，业绩才缓慢恢复。这一年，公司之前出版的《自然流肥皂读本》加印了30次，销量达到10万册，公司发展迎来巨大转机。

2007年，森田光德之子接任社长，当年坚守的大学生荣升总经理一职。森田光德之子说："我和父亲一起工作，他交给我精工细作的重要性，以及如何爱护自己的员工。"如今，三四十年过去了，公司才恢复到当年100多人的规模。

这样一家100多人的公司，就像是在时代的洪流中飘摇动荡的一艘小船，纵使风浪再大，船长的内心始终坚定。幸运的是，尽管过早进入赛道，但经过40年的坚守，公司终于等来了全世界环保意识的苏醒，由此带来了公司效益的持续增长。

启示32

隐形冠军取势，最重要的不在于外部环境，而在于企业家内心的信念，无论是夕阳行业还是朝阳行业，只要是真心热爱、心怀信仰，就要义无反顾地坚持下去。

中国的德生收音机是这样，日本的泡泡玉肥皂也是如此。

案例 4

基于核心竞争力，在内部资源取势

现今每个行业都处于激烈的竞争中，为了能够继续生存发展，势必要发掘自身优势资源以提升企业核心竞争力。所谓企业核心竞争力，就是企业整合企业组织内部、外部资源的能力。

当现有品类看不到前景时，并不是每一家企业都愿意在夕阳行业里待下去，大部分企业是随着时代进步而进行产品迭代，借助核心竞争力实现转型。

成立于 1923 年的德国通快（Trumpf）集团，最初是一家满足牙科和印刷需求的挠性轴公司。20 世纪 30 年代，公司开始生产用于切割金属板的电动手提式剪板机和台式剪床，这一改变大大丰富了公司的电动和气动工具产品线。1979 年通快集团开始涉足激光技术领域，经过不断创新，在 20 世纪 80 年代造出了业界领先的激光器。目前，通快集团的高端激光切割机床加工效率超过普通机床的 3 倍，激光金属 3D 打印技术也在世界范围内处于领先地位。从传统的机械切割到先进的激光切割，这种转变为通快集团带来了30多年的持续发展和增长，这个曾经全球最大的机械切割企业，不仅成功转型为全球第三大机床制造企业，而且在激光加工领域也排名全球第一。

案例 5

审时度势，顺势转型

创立于1863年的德国亿迈齿轮，总部位于德国的精密机械之乡——黑森林地区，亿迈齿轮主要致力于齿轮及齿轮系列产品的设计研发、生产，以及组装机械驱动系统和部件。亿迈齿轮最初为钟表组件的齿轮提供特殊刀具，时至今日，亿迈齿轮的钟表齿轮制造技术仍然保持着企业的核心竞争力。20世纪70年代，当钟表尤其是机械手表的需求越来越少时，亿迈齿轮果断转型，用新技术契合客户的新需求，成就了其在汽车驱动系统等行业的领导地位，也使亿迈齿轮成为机械驱动系统行业领域的隐形冠军。

"势"虽无形，却代表了一个行业大的发展趋势和方向。古往今来，有所成就的企业或个人，都能审时度势，做出正确、准确的判断，并能及时把握。企业或个人如果能够看清形势，顺势而行，往往会事半功倍，扶摇直上；如果看不清形势，往往事倍功半，甚至被历史淘汰。

启示 33

学会"取势",企业的发展要符合"大势所趋",要准确判断企业当前的内外部环境与发展阶段,准确判断战略与内外部总体需求的一致性。"取势"往往会决定一家企业生命的长短,这是每家企业都应该修炼的内功。

4.3 明道：分析竞争，明确在品类中的定位

取势的目的是要聚焦行业或产品中的某个品类，至少在某个阶段实现品类聚焦，从企业还不够壮大时，一步步做强，成为所在领域的领导者。"明道"就是在明确企业的战略定位、战略目标与战略规划的基础上，进一步明确企业的经营管理的价值导向和行为取向，知道企业注重什么、倡导什么、反对什么、放弃什么。

第一，聚焦行业或产品品类，企业首先要考虑如何界定自己的品类或赛道。

第二，明确战略定位之后，当行业已经有领导品牌、冠军企业存在时，企业要找到自己的特点并完成超越。

一家隐形冠军，同样要有自己的品牌定位。如果企业是冠军或者品类的领头羊，就将自己定位为赛道的领导者。即使多个品牌同时起步，只要不断坚持、聚焦、发展、创新，也能成为领军企业。

大部分隐形冠军的品牌定位都是成为某个细分领域的领导者，但德国企业和中国企业对领导者的定义略有不同。中国企业往往更加注重销量、市场占有率和价格等因素；而德国的隐形冠军更加强调高端品质、技术、服务及耐用性等因素。

第三，聪明的企业会给产品取一个适合的名字，通过名字强调它在某方面的独特属性，让品牌最快地传播。一款产品进入市场，要想在众多品牌中被人记住，除了品牌易读、易懂、易记、易传，还应该紧贴消费者心理需求，体现产品特色。

案例 1

定位新能源车，开创领先新品类

比亚迪汽车一开始的定位是电动汽车，后来界定为新能源汽车。电动汽车或者新能源汽车，这对比亚迪汽车来说是不是一个最好的赛道？

新能源汽车是指采用非常规车用燃料作为动力来源的汽车，包括纯电动汽车、增程式电动汽车、混合动力汽车、燃料电池电动汽车、氢动力汽车等。

一旦车企确定自己的动力来源，往往会有一批低端产品和自己站在同一赛道上。2020年，汽车市场上出现了一款电动汽车，销量比特斯拉还要好，它就是被称为爆款神车的五菱宏光mini，也有人称其为五菱"老头乐"。五菱宏光 mini 一上市，就凭借时尚的颜值、小巧的造型，尤其是售价两万多的价格优势风靡大江南北。天津有一款车标同样为"BYD"的电动四轮汽车，其解释是"白洋淀"。与同类低端产品共享"赛道"对于比亚迪来说确实不利，从宣传上来说，比亚迪与其把自己界定为电动汽车、新能源汽车，不如界定为智能汽车，上升到与特斯拉相提并论的档次，从而提升自己的品牌形象。

案例 2

不论高端低端，找准空白市场就是胜利

在中国，脚轮制造是一个低端产业，产品缺乏技术含量。但脚轮的用途却很广泛，小到行李箱、医院用的推车、工厂车间的送料车，大到运送人造卫星的推车，都要用到脚轮。成立于 1953 年的德国比克利（Blickle）公司是世界领先的车轮和脚轮制造商。不同于中国的脚轮生产，比克利脚轮的定位是高端定制化脚轮，结实、耐用、性价比高。

有一年，一家美国客户想要为设立在印度的分公司采购脚轮。最后的竞争发生在德国比克利脚轮、中国脚轮和美国一家本土品牌之间。德国比克利脚轮在价格上并不具有优势，美方的意向并不高。在做最后陈述时，比克利脚轮方面给出的解释是，印度常年高温、高湿，工厂车间没有空调、风扇，灰尘多，环境恶劣而且推车的使用频率高。比克利脚轮做过极限测试，产品可以使用4~5年，而同类型的脚轮只能使用1~2年。尽管比克利脚轮在价格上不具有优势，但在耐用性上却更有保障。事实证明，比克利脚轮最终成为长寿命、免维修、高品质的车轮和脚轮的代名词，并被应用于叉车系统、汽车物流业、零售业、医院和实验室设备等各行各业。最终，比克利脚轮凭借着过硬的品质和精彩的陈述胜出，拿下了美国的大单。

还有一次，比克利脚轮给宝马公司做供应商，为宝马汽车生产车间的AGV小车提供定制化脚轮。AGV小车又称自动导向车，车上装载电磁或光学等自动导航装置，可按规定导航路径行驶，具有安全保护及移载功能。AGV小车的脚轮与地面之间摩擦力越大，电池越耗电；电池充电时间越长，越容易影响机器的工作进度。同时，机器闲置时间越长，浪费的人力、物力成本越高。经过计算，比克利脚轮的摩擦力比竞品要小10%左右。最终，比克利脚轮成功胜出。

专精特新：向德国日本隐形冠军学什么？

案例 3
过硬的品质才能打动最挑剔的客户

始创于 1899 年的美诺（Miele）电器一直是豪宅标配，乔布斯曾经这样评价美诺电器："它们带给我的兴奋感超了多年来我使用的任何高科技产品。"德国前总理默克尔说："德国美诺在妇女解放运动中的贡献远远大于所有的政客，德国美诺产品伴随了我的成长记忆。"100 多年来，美诺电器秉承着"追求极致，永不妥协"的理念，旗下的衣物洗护系列、厨房电器系列都以可使用 20 年为测试标准。这一点，在洗衣机和干衣机上尤其明显，美诺洗衣机甚至被誉为洗衣机中的"爱马仕"。1901 年，美诺电器发明了欧洲第一台木桶洗衣机。1978 年，美诺电器推出了电脑控制的智能洗衣机，为了彰显新机可使用 20 年的设计标准，美诺洗衣机选择了进入损耗最严重的场所，比如欧美的大学生宿舍。过硬的品质迎来了良好的口碑。长期以来，尽管人工成本一直持续增长，但美诺电器的几乎所有产品都在德国本土生产，为的就是保证产品质量。

这就是德国隐形冠军的生存之道，无论是美国市场，还是中国市场，即使对成本再敏感的客户，也能取得他们的信任。

案例 4

一个好名字，助力好产品品牌起飞

上海锦湖日丽塑料有限公司是一家由韩国锦湖石油化学株式会社和中国上海日之升新技术发展有限公司合资的公司，主要从事塑料改性、工程塑料合金等产品的研发、生产、销售和服务等业务，公司生产一种超低散发塑料——塑可净。这是一款针对新车中挥发性有机化合物（VOC）的散发问题而专门开发的低VOC树脂品牌，其最大优点就是比传统内饰塑料散发降低60%，能够从源头上改善汽车车内的空气质量。塑可净通过产品命名，俘获了下游客户口碑，从而影响了车企选择，传递给众多汽车厂家的营销部门，形成汽车使用塑可净材料，气味挥发最小的口碑。

锦湖日丽的另一款产品也采取了类似的命名方式——塑可丽，为了迎合家电产品绿色、环保、低碳的发展理念，锦湖日丽开发了这款环保免喷涂产品。塑可丽强调的特质是本身鲜艳的颜色。这种能够让普通人理解的命名方式，给企业品牌的传播带来了极大的益处。

启示 34

根据行业的发展趋势和国家政策导向，制定和修订企业的发展战略，完成企业经营模式的转型升级及企业文化的梳理和宣传，

都是一个不断"明道"的过程。

道，是一种规律，是原则，是战略，是理念。"明道"就是企业在"取势"的基础上，明确企业的商业模式和管理模式，明确生存之道、发展之道，探寻企业生存和发展的最佳路径。

4.4 优术：分析内部，建设运营配套体系

"优术"就是不断提升效率，积累经验，探索实用策略，一旦企业确定了要选择的行业或品类，并确立了赛道优势，就要进行强化，不断创新和实现精细化升级，建设与优势定位相匹配的运营体系。

第一，企业要从战略定位倒推产品表现，客户期待产品在哪些方面拥有优秀表现。 一个优秀的工业产品，在性能上一定比同类企业的其他品牌具有更加优良的性能特点，即使做不到优点特别突出，至少也要在价格、质量或性能等某些方面实现超越。以前面提到的塑可净为例，塑可净对外宣称比传统内饰塑料散发降低60%，即使做不到宣称的60%，也要至少保证这一数字达到30%。

第二，从战略定位倒推企业能力。 企业如果要在某些方面表现优秀，团队需要具备哪些能力？仍然以塑可净为例，企业想要达到比传统内饰塑料散发降低60%，企业研发团队就要从分子设计、

分子水平清洗和加工稳定化控制等核心技术方面集中研发力量。

第三，从战略定位倒推资源投入和组织建设：要实现既定的产品优势和企业能力，企业需要建立什么样的制度，在哪些方面投入资源，如何调配部门和人手，实现最好的运营配置体系，确保产品的研发和生产高效、顺利进行。

案例 1

环环相扣配置体系，保证企业处于领先地位

以德邦快递为例。1996 年 9 月，崔维星辞去广东国旅的工作，开始下海自营货运业务。一开始，崔维星主要从事零担物流。零担是相对于整车而言，客户需要运送小批量、散装的货物，如果装不满一车，负责承运的物流公司会把运往同一地方的多家顾客的货物，通过统一配载，达到整车装车标准，运送到指定地点后，再分发给各客户。

2000 年 8 月，崔维星注册成立了广州市德邦物流服务有限公司。当时，小件快递市场，尤其是信函和小商品快递市场极度饱和。顺丰在送货速度、货物安全和用户体验等方面已经满足了消费者的各种需求，而包括申通、圆通、中通、百世汇通和韵达在内的"四通一达"快递公司则成为低价市场的领导者。所以，在小件快递方面，德邦没有竞争优势。

快递行业看似简单，但快递公司那么多，客户在寄快递时对快递公司的考量同样是全方位的，客户对德邦会有哪些特别的期待呢？比如运输是否安全，网络覆盖是否广泛，大件快递价格是否便宜，收发货时间是否精准，是否上门取件或送货到家，对包装材料的要求等。消费者希望快递公司能够把每个环节都做到尽善尽美，但快递公司也会根据自己的情况进行取舍。

相比顺丰、"四通一达"，德邦依靠差异化定位，果断进军大件快递的市场，树起了"大件快递发德邦"的大旗。德邦以做零担货物运输起家，大件快递不在话下。当一批货物的重量或容积装不满一整辆货车时，就与其他几批甚至上百批货物共用一辆货车。

确立了大件快递的市场定位以后，德邦迅速制定了公司发展策略。首先，在定价上，德邦的大件货物比顺丰便宜，甚至达到了和"四通一达"相近的价格。大件货物容易破损，德邦就在包装箱上狠下功夫，确保包装结实。针对城市楼房上下搬运大件货物不方便的现实，德邦确定了上门取件，搬货上下楼的原则。2018年7月德邦物流正式更名为德邦快递，同时推出了大件快递产品——主打3～60kg的大件快递，并向客户承诺40kg以下100%免费上楼，60kg以下包接包送。这样，德邦快递形成了小件快递采用标准定价与标准操作流程，大件快递40kg以下免费上楼，60kg以下包接包送，大小件齐发，更便捷、更省心、更稳定、更可靠的产品优势。

战略定位不同，资源投入和组织建设就不同。因为顺丰多是一些信函、小包裹等货物，所以顺丰运输车大多是轻便、灵活、可以快速配送的电动三轮车，送货员一天可能要跑几十个网点。但德邦在招聘送货员时，就要特别甄选一些身材高大、有力的送货员，德邦的送货员可能一天只能送几个网点，因为除了货物庞大，他们还要负责将货物送上楼或者搬下楼。

德邦的资源投放也能说明问题。每年毕业季，大学校园里到处是快递摊位，但是摊位最大、人员最多、物料最齐全、最热闹的往往是德邦。因为大学生毕业季几乎成了大件快递最集中的场所。大纸箱、大蛇皮带，甚至木质运货架，德邦全都免费。学生宿舍的行李和个人物品全部清空，一部分寄到未来的工作单位，一部分打包寄回家。甚至只需要顾客列个清单，哪些东西运到哪里，快递员就会到宿舍帮助大学生打包、发送，全权办理。德邦在 CBA 投放的广告语就直白地说明了这一点："宿舍取件，大件快递躺着发"，而这正是德邦快递的优势。

在网点分布上，德邦也和顺丰等小件快递公司多有不同。顺丰的网点多集中在闹市区，方便客户随时实地寄件。但德邦的网点却要偏远一些，甚至不少位于郊区。因为企业的定位不同，所以投放网点完全不同。德邦之所以选择郊区而舍弃市中心，其实是出于自己的市场定位和成本考量。

既然是上门取件，不需要客户就近把货送到网点，所以德邦就不必在市中心建立网点。德邦需要比较宽敞、易于停放大件货物、方便停车的地方，这是德邦根据战略定位倒推出的资源投放及配置。而这样做的最终目的是为战略定位建立一套完整的配置体系，使所有环节环环相扣，保证企业处于领先地位。

启示 35

中国的中小企业想要成为隐形冠军，有三个层次的战略问题需要考虑：第一，分析趋势，定义赛道；第二，找准定位，选择是做领导者还是一个差异化的新产品；第三，企业要怎样进行配套体系建设，以强化和保持战略定位。

简而言之，就是取势、明道和优术。当然，世界上没有完美的战略，战略意味着取舍。有所为，必有所不为；有所不为，才能有所为。在战略之上，是企业的价值观、使命和愿景。企业一旦选定方向，就要坚定不移地走下去。尤其是企业的领导者，要有信仰，当企业遇到困难或者危机时，信仰会给企业领导者、企业员工带来发自内心的强大力量。

附录

德国日本隐形冠军 35 个启示

启示 1

赫尔曼·西蒙经过深入的研究，创造性地提出了隐形冠军的理念，被誉为"隐形冠军之父"。他认为，企业要想成为合格的隐形冠军，必须具备以下三个条件。

第一，在某一个细分市场拥有本大洲第一或者世界前三的市场份额；

第二，必须是鲜为人知的中小企业，1996年的标准是年销售额不超过10亿欧元，而按照2019年的标准，年销售额不高于50亿欧元；

第三，这家企业并不为大众所熟知，换言之，一家合格的隐形冠军可能是社会知名度比较低的企业。

启示 2

很多隐形冠军都秉承着"闷声发大财"的做事原则，甚至刻意隐姓埋名，个中原因很耐人寻味。一家企业如果很高调，它的产品、技术就会被人学习、模仿，客观上促进了竞争对手的进步，从而带给自己不必要的竞争。

启示 3

隐形冠军往往战略专注、行事低调，通过几代人甚至十几代人、几十年甚至上百年的努力，在一个狭窄、细分的利基市场，哪怕是一颗螺丝钉，也要把产品做到极致。

启示 4

赫尔曼·西蒙教授不止一次强调，隐形冠军的重点并不在于"隐形"，其核心或者关键词是"冠军"。隐形冠军是否隐形要根据行业特点来决定。

启示 5

德国制造底蕴丰厚。许多隐形冠军低调地隐匿在公众视野之外，只在自己专属的领域里搞研发、培养人才、扩大渠道，悄然成为各自细分领域里的强者甚至领袖。

启示 6

隐形冠军不仅靠核心技术，还要有信念，以及对客户的态度。

启示 7

要成为隐形冠军，只有技术还不够，只有满足客户需求的产品也不够，还得有营销渠道、营销战略。

启示 8

从隐形冠军到世界 500 强，在专属领域里深耕，在发展中不断壮大，紧跟时代步伐持续创新。隐形冠军的诞生并不是奇迹，它们的成功有迹可循。

启示 9

在手工业时代，德国出色的作坊选择了一条品质之路，德国人凭着精工细作打下良好口碑，出现了许多百年老店和隐形冠军。

启示 10

德国提倡必须要有工匠精神这样一股钻研的劲头。工人以拥有在各自技能上的长处为毕生事业，并为此而骄傲，而不觉得比其他行业或者人群卑微。只有全社会每个人都心存这样的想法，才能获得品质的提升。全社会也必须营造这样一种氛围，让真正的技术工人感受到尊严，享受到因为技术而带来的乐趣。

启示 11

从日本隐形冠军打造产品力的经历中可以看出企业在从客户需求出发打造了一款明星产品后，将其技术 DNA 沉淀下来，复制到更多的产品上，并不断缩短技术和产品开发的周期，既有利于提升企业的核心竞争力，又有利于维护长期的客户关系。日本隐形冠军在产品力打造方面的经验也为中国企业提供了借鉴。

启示12

无论是在德国还是在中国，一家企业一旦选择了走隐形冠军这条路，即使不一定能成为世界500强，大多数企业也都可以活得很久。任正非曾经说过："什么叫成功？是像日本那些企业那样，经九死一生还能好好地活着，这才是真正的成功。我觉得华为没有成功，只是在成长。"

启示13

产品聚焦对于企业长寿有着不可估量的作用。小切口、大纵深，这是典型的隐形冠军思维。切口挖得越深，产品越具有不可替代性，别人越难以深入进来，越难超越。

启示14

成功的企业和企业家不会去定义市场，而是首先会定义业务，把目光聚焦在特定市场和细分领域、特定的行业、特定的环节，哪怕是一颗螺丝钉，也要做到极致，做到最好。

启示 15

高度专注于缝隙市场，这就是隐形冠军的生存和发展之道。

作为一家隐形冠军，仅仅聚焦是不够的，还必须注重持续创新。如果企业身处竞争激烈的行业，有时候甚至不得不跳过技术变迁的天堑，才能完成转型。

启示 16

企业如果有志成为隐形冠军，在做决定之前不要为自己设限，要习惯性地想一想有没有新方法、新路径开展技术创新、产品创新、管理创新。相比于颠覆式创新，隐形冠军更加注重改进性创新。如果颠覆式创新是从"0"到"1"的突破，那么改进性创新就是从"1"到"100"的持续改善。

启示 17

大企业也可以在某一细分领域或某一细分市场做成隐形冠军，在某一个大行业的细分领域拥有自己特殊的核心技术。松下是一个大企业，但实际上它有非常多的小业务，这些小业务里也隐藏着很多隐形冠军。

启示 18

当面临风险、面临难关、面临转型时，家族企业的眼光更加长远，而且由于体量较小，改变也会更加容易。正如赫尔曼·西蒙所说，"一支1000人的队伍要掉头，比10万人的队伍要容易些。"另外，家族企业领导人的危机感和责任感会更强。优秀的职业经理人可能拥有良好的营销能力，能够把企业的短期业绩拉高，但家族企业的领导人却有着更长远的目光，拥有带领企业一往无前走下去的决心和勇气。

启示19

相比于做大做强，隐形冠军首先要活着。当同行业其他企业都已经不存在了，隐形冠军还能健康地活着，这就是成功。而企业要想健康地活着，一是要选准方向，专注做自己擅长的领域，坚持不懈并持续创新，增强自己的核心能力；二是要走国际化经营路线，分散风险；三是要实现家族式治理，眼光要长远，要有与企业共存亡的决心。

启示20

在隐形冠军家看来，金钱并不是他们工作的主要动力，因为很多企业家可能赚的钱足够多，当金钱不再成为工作动力的时候，企业家的动力就来自对企业愿景的认同感和工作带来的愉悦感。

启示 21

　　人的精力是有限的，如果兴趣经常发生转移，很难集中精力把手头的事情做到最好。只有专心、专注、专业，把事情做到最好，做到极致，做到"让大象跳舞"，做到专家级别，才有可能获得成功。

启示 22

　　每一位创业者，每一位企业家，没有谁的创业过程是一帆风顺的。在坎坷中爬行，在困难中负重前行，拥有勇敢无畏的冒险精神，这是企业家最重要的特质。

启示 23

　　所有的隐形冠军都不是靠某一个产品的创新就能成功的。赫尔曼·西蒙教授在分析了1000多家隐形冠军之后得出这样的结论：世界上根本不存在一夜致富的秘诀。

启示 24

　　领导者的气质决定企业的命运。作为企业的领导者，仅仅燃烧自己是远远不够的。企业领导者要用内心的熊熊火焰去点燃别人心中的激情与梦想。

启示 25

一部分企业领导者的目标很明确,就是赚钱。一家企业赚到了钱,却没有目标,就容易迷失自己。企业家和老板的区别就在于目标。目标和愿景是企业家思维和行动的强大动力。

启示 26

一家具有远大理想和目标的企业,要学会培养苛刻的"上帝",企业和客户之间要超越甲方与乙方的概念,要成为命运共同体,相辅相成,相互成就。

启示 27

隐形冠军要和客户保持直线关系,培养超越甲方和乙方的关系。企业必须要注重产品质量,在把质量做到极致的基础上,还要为客户提供完善的服务方案和系统性的解决方案。隐形冠军要成为客户的左膀右臂,要与客户成为生死相依的命运共同体,这种关系一旦形成,将无可替代。

启示 28

把产品卖给全世界最优秀的客户,与卓越的优秀者同行,做优秀者的伙伴，这是隐形冠军在选择客户时需要思考的问题。

启示 29

隐形冠军最重要的经验是拥有雄心勃勃的目标。从企业内部来讲，企业拥有同呼吸、共命运的员工，强调依靠企业内部的力量和企业文化来持续不断地创新；从企业外部来讲，企业非常贴近客户，产品质量和服务能够最大限度满足客户的需求。

启示 30

利基市场的产品往往范围狭窄、市场规模不大、客户需求稳定。企业通过为客户提供独特而优质的产品和服务，逐渐成为细分领域占有率第一的企业。德国和日本的隐形冠军都有一个特点——普遍崇尚拜技主义，用极致的产品工艺和技术牢牢占领利基市场。

启示 31

从专精特新到隐形冠军，都需要大量的专业技术人员，尽管中国已经建成世界上规模最大的职业教育体系，但还需要向德国和日本学习，比如营造深厚的手工业文化基础，打通顺畅的职业发展和晋升路径，创新企业和学校的合作形式和培养模式等。

启示 32

隐形冠军取势，最重要的不在于外部环境，而是企业家内心的信念，无论是夕阳行业还是朝阳行业，只要是真心热爱、心怀信仰，就义无反顾地坚持下去。

启示 33

学会"取势"，企业的发展要符合"大势所趋"，要准确判断企业当前的内外部环境与发展阶段，准确判断战略与内外部总体需求的一致性。"取势"往往会决定一家企业生命的长短，这是每家企业都应该修炼的内功。

启示 34

根据行业的发展趋势和国家政策导向，制定和修订企业的发展战略，完成企业经营模式的转型升级及企业文化的梳理和宣传，都是一个不断"明道"的过程。

道，是一种规律，是原则，是战略，是理念。"明道"就是企业在"取势"的基础上，明确企业的商业模式和管理模式，明确生存之道、发展之道，探寻企业生存和发展的最佳路径。

启示 35

中国的中小企业想要成为隐形冠军,有三个层次的战略问题需要考虑:第一,分析趋势,定义赛道;第二,找准定位,选择是做领导者还是一个差异化的新品;第三,企业要怎样进行配套体系建设,以强化和保持战略定位。

专精特新隐形冠军培训课程

COURSE INTRODUCTION

林惠春老师课程

一、专精特新与隐形冠军 01

1. 专精特新成为国家战略，中小企业高质量发展的黄金时代
2. 专精特新与隐形冠军
3. 如何成为专精特新企业——路径与方法

二、企业精细化管理 02

1. What：什么是精细化管理
2. Who：精细化管理实践的主体——管理者
3. How：如何实施精细化管理

三、创新思维与创新管理

1. 创新，国之运道
2. 创新思维与方法
3. 创新环境与文化
4. 创新思维的训练

四、家族企业传承与发展

1. 家族企业传承的顶层设计
2. 三权转移——子承父业
3. 三权分离——职业经理人
4. 三权通让——家族信托基金设计
5. 家族企业传承与创新发展

五、改善的力量

1. 日本经济腾飞的终极秘密——改善
2. 改善、全员改善、持续改善和现场改善
3. 改善的路径、步骤与方法
4. 改善的三大支柱、"五问"和问题产业化

谢丹丹老师课程

一、中小企业，如何走好专精特新之路

二、兰契斯特——以小搏大的生存法则

三、德日隐形冠军发展启示录

四、专精特新——如何做好细分市场

朱新月老师课程

一、工匠精神

二、零缺陷工作

三、专精特新——向德国日本隐形冠军学什么

四、中国式领导智慧——向毛泽东学习领导力

五、打硬仗打胜仗——如何成为企业的骨干

联系方式：010-68487630

王老师：13466691261　　　刘老师：15300232046
　　（同微信）　　　　　　　　（同微信）

欢迎企业定制图书

联系方式：010-68487630

王老师：13466691261（同微信）

刘老师：15300232046（同微信）

传播管理智慧，助力企业腾飞

中企联播·名师讲堂

中企联播·名师讲堂是由《企业管理》杂志、《企业家》杂志与中国管理科学学会企业管理专委会共同举办的直播讲座平台，每周1—2场，每场1.5小时左右。

平台延请业界名师，为企业管理者们提供前沿新科技、经营新思维、管理新技术的精彩讲座，旨在帮助企业家、企业管理者不断提升自身能力，适应快速变化的经济发展与企业经营环境，解决企业经营管理中的困惑与难题。

部分讲座课程

汪中求 | 精细化管理系列讲座

陈劲 | 打造世界一流创新企业系列讲座

祖林 | 专精特新系列讲座

刘承元 | 精益管理系列讲座

丁晖、顾立民 | 管理改进系列讲座

谭长春 | 华为管理系列讲座

翟杰 | 演讲口才系列讲座

中企联播·名师讲堂部分名师

汪中求	 陈劲	 祖林	 刘承元
 丁晖	 顾立民	 谭长春	 翟杰

名师讲堂

中企联播·名师讲堂现为公益讲座，未来将发展成知识付费平台。

中企联播·名师讲堂
欢迎企业经营管理者加入！

中企联播·名师讲堂欢迎
天下名师大咖的合作！

联系方式： 010-68487630
王老师： 13466691261（同微信）
请注明合作内容及方式